# Math et Ca

## CE2

## fichier

**Robert EILLER**
Directeur d'École Normale

**Rodolphe BRINI**
Instituteur, maître formateur

**Marcel MARTINEU**
Directeur d'École d'Application

**Roger RAVENEL**
Directeur d'École Annexe

**Simone RAVENEL**
C.P.A.I.D.E.N.

**HACHETTE**
*Classiques*

— *exécution* : **Janine COTTEREAU, Rémi PICARD**

*Dessins techniques :* **Rémi PICARD**

*Illustrations :* **Denise CHABOT**

© **Hachette, 1987.**
79, boulevard Saint-Germain
F 75006 Paris.

I.S.B.N. 2.01.011913.4

# Avant-propos

« *L'enseignement des mathématiques vise à développer le raisonnement et à cultiver chez l'élève les possibilités d'abstraction. Il apporte une exigence de rigueur dans la pensée et de justesse dans l'expression. Il fait acquérir des connaissances et des compétences dans les domaines numérique et géométrique, tout en aidant l'élève à forger des outils de travail. Il stimule l'imagination.* »

Tels sont les termes de l'introduction de la rubrique consacrée aux Mathématiques dans les *Programmes et instructions* fixés par l'Arrêté du 23 avril 1985. Ces textes concernent toutes les classes et recouvrent l'ensemble des disciplines enseignées à l'école élémentaire. Ils répondent au souci de *modernisation de la formation des futurs « adultes du XXIᵉ siècle »*. Et « *cette modernisation s'accompagne de la répartition des connaissances et compétences en* **sept grands domaines également fondamentaux** » parmi lesquels figurent les Mathématiques...

Pour l'enseignement de cette discipline à l'école primaire, et plus particulièrement au cours élémentaire, le programme de 1985 marque une nouvelle étape dans une évolution qui ne s'est pas toujours opérée sans heurts.

En effet, après la période un peu « baroque », voire agitée des « mathématiques modernes » (entre 1970 et 1976), de nouveaux textes, parus en 1977 pour le C.P., en 1978 pour le C.E. et en 1980 pour le C.M., ont fixé de manière détaillée les objectifs et contenus d'un enseignement rénové de la mathématique aux différents niveaux de l'école élémentaire.

On visait alors aussi bien *l'acquisition de connaissances et de compétences que le développement d'attitudes de recherche et de communication.* Mais dès les instructions du C.P., il était aussi question de « *précision de langage et de pensée* » et dans celles du C.E., on parlait de l'« *appropriation active du raisonnement et du langage mathématique* ». En ce sens, *les objectifs définis en 1985 sont très proches de ceux énoncés en 1978.* Simplement, dans la nouvelle version, on insiste peut-être davantage sur les termes de « *rigueur* » et d'« *abstraction* ».

En ce qui concerne le contenu de l'enseignement mathématique au C.E., on peut dire que le « noyau » du nouveau programme diffère peu de celui de 1978, tout en notant qu'on fixe davantage *certains jalons,* par exemple le travail sur les nombres entiers jusqu'à 10 000 (C.E.1 et C.E.2).

Reste le délicat problème du **choix des méthodes et démarches pédagogiques.** À cet égard, les nouvelles instructions affirment que ce « *choix relève d'abord de l'initiative et de la responsabilité des maîtres* », tout en précisant que la qualité de ces méthodes et démarches « *fait l'objet d'une évaluation précise* »...

Pour l'apprentissage mathématique, les textes précédents suggéraient l'utilisation de *la démarche d'éveil.* Celle-ci est *loin d'être proscrite* par les nouvelles instructions, puisque les élèves doivent « *découvrir les notions comme réponses à des problèmes* » et que, d'une manière générale, l'enseignement doit « *concourir à l'éveil de l'intérêt, de l'intelligence, de la sensibilité et de l'ensemble des aptitudes de l'enfant* ».

Mais la pédagogie conseillée est une **« *pédagogie de l'activité* »,** qui associe « *les moments où l'enfant découvre et élabore progressivement son savoir, et ceux où il revient au maître d'expliquer et d'apporter directement des connaissances* ». Bref, il ne faut pas croire que l'élève peut découvrir seul tous les savoirs et savoir-faire...

Quoi qu'il en soit, nous retiendrons, dans les nouvelles instructions, une recommandation qui nous paraît essentielle, à savoir : **« *l'enfant est au cœur du processus d'apprentissage* ».** Dès le cours préparatoire et la première année du cours élémentaire, nous avons tenu compte de cette recommandation qui, bien entendu, reste valable pour le C.E.2. À ce stade de la scolarité, il faut *approfondir les notions* et *consolider les techniques* introduites dans les cours précédents. Mais il convient également d'y faire appréhender de nouveaux concepts et savoir-faire, et cela d'une manière adaptée aux enfants. Ce *souci d'adaptation* à « celui qui apprend » a marqué la refonte de cet ouvrage, en même temps que celui de la *conformité au nouveau programme* et celui de la « *justesse mathématique* » des activités proposées.

Par ailleurs, nous avons eu sans cesse à cœur de lui conserver une *présentation claire et agréable.* Le format du fichier a été agrandi et sa maquette a été améliorée. Nous en remercions notre éditeur et nous espérons que, dans sa nouvelle version, cet ouvrage, qui connaît un succès constant depuis de nombreuses années, constituera toujours un outil fiable pour les maîtresses et les maîtres du C.E.2.

Les Auteurs

# Progression chronologique et table des matières

# Quelques indications pédagogiques
# et conseils d'utilisation de cet ouvrage

## 1.  Le programme de mathématiques du cours élémentaire (C.E.1 et C.E.2)

**1.1.** Le « *noyau* » de ce programme est énoncé dans le texte du 23 avril 1985 : « *En continuité avec les acquis du cours préparatoire, l'élève prolonge le travail sur les nombres jusqu'à 10 000, découvre la multiplication et la soustraction, aborde la division, met au point des techniques de repérage, de reproduction et de construction, s'initie à la mesure des longueurs et des masses.* »

**1.2.** La *répartition* du contenu du programme est laissée au soin des maîtres. Au C.E.2, nous leur conseillons :

1.2.1. En **arithmétique,** de consolider la connaissance des nombres de 0 à 1 000, d'introduire et d'étudier les nombres de 1 000 à 10 000, de bien asseoir les techniques de l'addition, de la multiplication et de la soustraction et, enfin, d'aborder la division (recherche du quotient et du reste par des méthodes empiriques).

1.2.2. En **géométrie,** de familiariser les élèves avec les solides et les polygones usuels, de poursuivre le travail sur la symétrie, d'introduire la translation (« glissements de figures ») et de faire de nombreux exercices sur *quadrillage*.

1.2.3. Pour ce qui est de la **mesure,** d'approfondir l'étude des longueurs et des masses, en familiarisant les élèves avec l'usage des *unités légales,* et de poursuivre l'étude des mesures de durées.

1.2.4.  Quant à l'**informatique,** elle ne constitue pas encore à ce niveau une matière d'enseignement. Toutefois, tous les exercices portant sur les relations d'ordre, sur l'organisation logique de calcul, ainsi que les activités mettant en jeu des processus algorithmiques préparent bien les élèves à l'informatique. Ajoutons à cela que la programmation, en langage *logo,* de cheminements dans le plan, que l'on peut proposer dès le C.E.2, fait déjà partie de l'apprentissage de l'informatique.

## 2. Rôle et place de cet ouvrage dans l'apprentissage mathématique au C.E.2

**2.1.** Cet ouvrage est avant tout *un recueil d'exercices et de problèmes* essentiellement destinés à l'*évaluation* et donc à proposer *après une séquence d'activités* organisée par le maître. Ces exercices et problèmes sont classés en trois catégories :

2.1.1. Ceux qui reprennent les « situations » proposées au cours de la phase de « recherche-découverte » et qui ont pour but *d'introduire une notion ou une technique mathématique*. Les numéros correspondant à cette catégorie sont codés □.

2.1.2. Ceux qui « *invitent à utiliser les acquis, à en percevoir éventuellement les limites d'utilisation,* offrant ainsi au maître les moyens de contrôler le savoir » (Instructions officielles). Les numéros qui leur correspondent sont codés ○, et nous désignons leur catégorie sous le terme d' « *exercices* ».

2.1.3. Ceux qui, à ce stade de la scolarité, sont liés à *une véritable recherche*. Les numéros qui leur correspondent sont codés △, et nous les désignons sous le terme de « *problèmes* ».

**2.2.** Certaines fiches peuvent être utilisées comme **outils de travail** pendant une séquence. Il s'agit :

2.2.1. de fiches de *géométrie* comportant des découpages, des pliages et des pavages ;

2.2.2. de fiches comportant des *exercices et des problèmes* que l'on peut proposer aux élèves au cours d'une phase de recherche individuelle ou en petits groupes avant de les exploiter avec toute la classe.

## 3. Organisation de l'ouvrage

**3.1.** Pour des raisons à la fois mathématiques et pédagogiques, nous avons regroupé les différentes parties du programme en *six thèmes*. Ceux-ci figurent dans le tableau ci-dessous ainsi que l'indicatif, la couleur et le nombre de pages correspondant à chacun d'eux.

| Thème | Indicatif | Couleur des pages | Nombre de pages |
|---|---|---|---|
| Relations. Fonctions | R | | 29 |
| Nombres et numération | N | | 15 |
| Opérations sur les nombres | C | | 38 |
| Géométrie | G | | 27 |
| Mesure | M | | 16 |
| Problèmes | P | | 23 |

**3.2.** La succession des fiches correspond à *la progression chronologique* que nous avons adoptée et qui permet d'avancer parallèlement dans les six thèmes. Cette progression constitue en fait *une trame pédagogique* que les maîtres devront *adapter* à leur classe et qu'ils pourront bien sûr *modifier* à leur guise. Quant à la répartition trimestrielle figurant aux pages 4 et 5, elle n'est donnée qu'à titre indicatif.

**3.3.** Les dix premières fiches sont consacrées à des *bilans* permettant aux maîtres de faire le point, en début d'année scolaire, dans les différents domaines de l'apprentissage mathématique, avant d'aborder l'étude effective du programme. Ces bilans se situent dans la perspective d'*une évaluation formative* et d'*une pédagogie différenciée*.

**3.4.** Des exercices et problèmes considérés comme *difficiles* sont précédés d'un astérisque.

## 4. Quelques conseils d'utilisation

**4.1.** Au C.E.2, nous conseillons aux maîtres de laisser progressivement les élèves *lire et interpréter seuls les consignes* relatives aux exercices proposés, surtout lorsque celles-ci sont simples. Si certaines d'entre elles, correctes sur le plan mathématique, présentent des difficultés de compréhension pour les enfants, il conviendra de les traduire dans un langage qui leur est adapté, l'essentiel étant que ce langage ne véhicule pas d'idée « floue ».

**4.2.** En ce qui concerne la résolution de problèmes, il convient de laisser les élèves **chercher** individuellement ou en petits groupes avant de procéder à l'exploitation collective des résultats. On n'hésitera pas, si nécessaire, à recourir selon les cas au matériel permettant aux enfants de « vivre » la situation à étudier.

**1** Observe les solides.

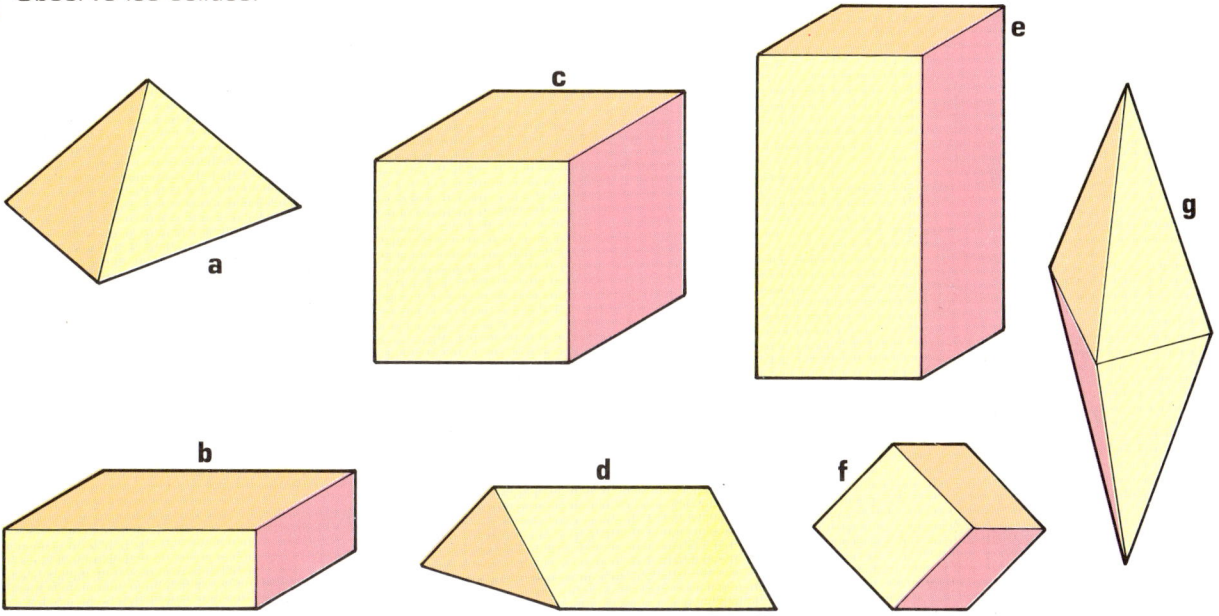

**a/** Écris la liste des cubes : _____

**b/** Écris la liste des pavés : _____

**2** Observe les figures et inscris la lettre de chacune d'elles dans le tableau.

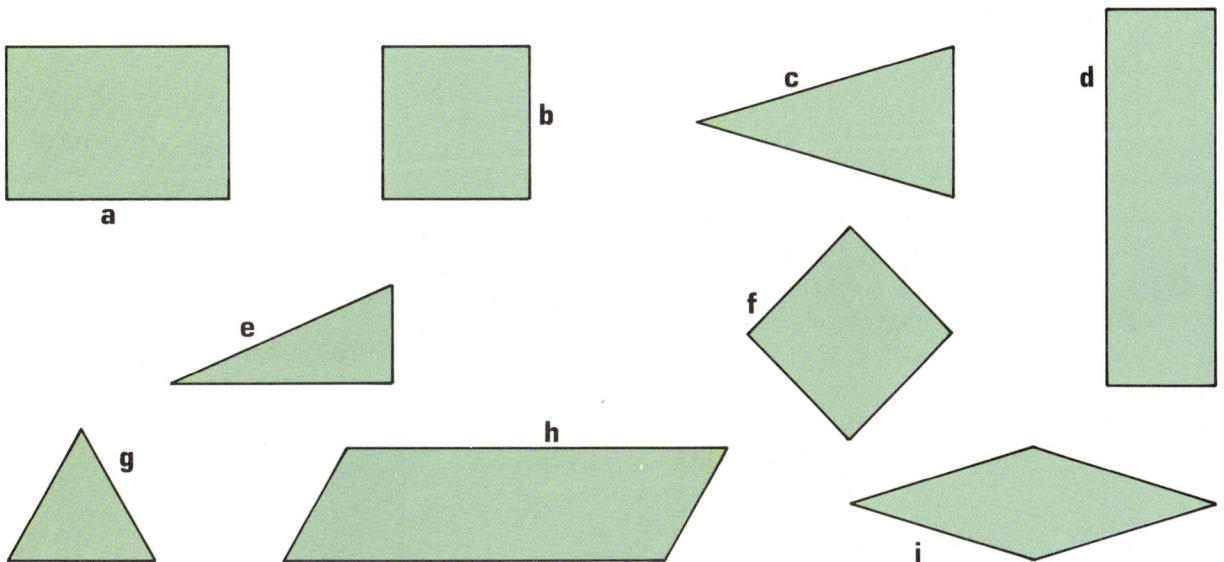

| Carrés | Rectangles | Triangles | Autres figures |
|--------|------------|-----------|----------------|
| _____ | _____ | _____ | _____ |

**1** Marque chaque angle droit de la figure par le symbole └ .

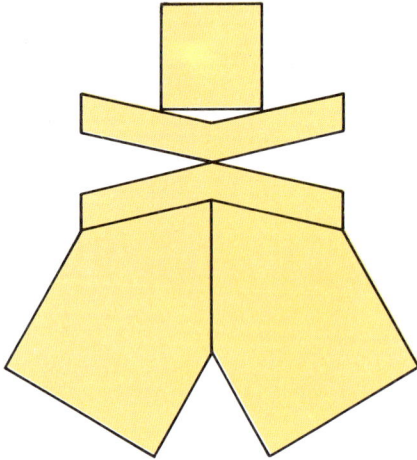

**2** Reproduis exactement la figure en partant du point rouge.

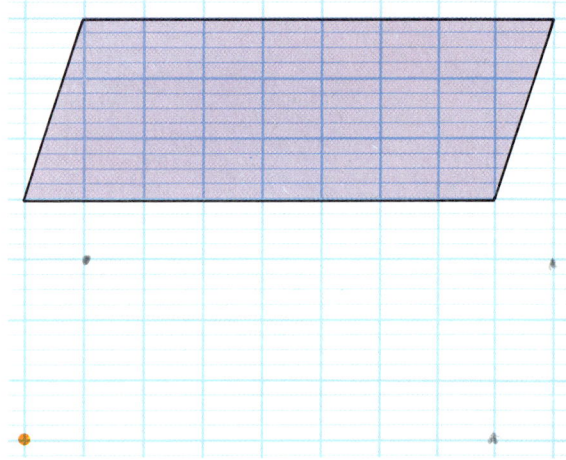

**3** Lis les ordres qu'on a donnés à la tortue.
Trace, à partir de la position de départ, le chemin correspondant au programme.

**Pour chemin C**

— Avance 4
— Tourne droite 90
— Avance 6
— Tourne gauche 90
— Avance 4
— Tourne droite 90
— Avance 6
  Fin

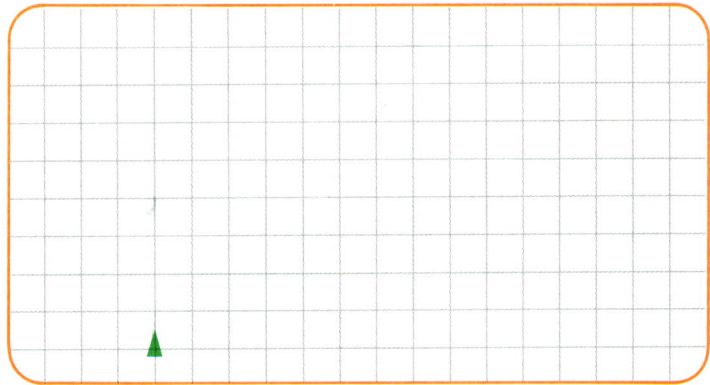

**4** Écris un programme permettant de tracer un carré à partir de la position de départ.
(Dessine-le.)

**1** Indique la position de chaque case occupée par une pièce du jeu d'échecs.

8
7
6
5
4
3
2
1
a b c d e f g h

**2** Indique la position de chaque nœud sur lequel se trouve un papillon.

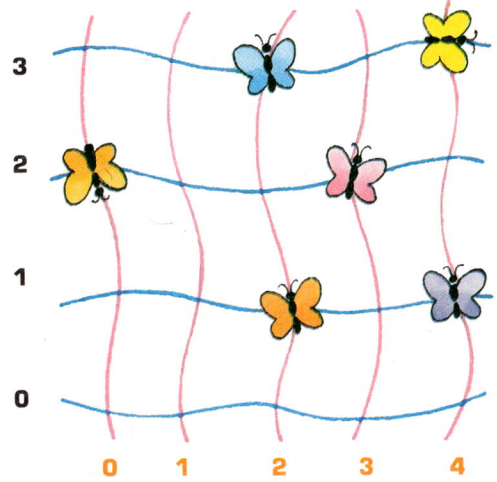

3
2
1
0
0 1 2 3 4

**3** Déplace la figure de 12 carreaux vers la droite.

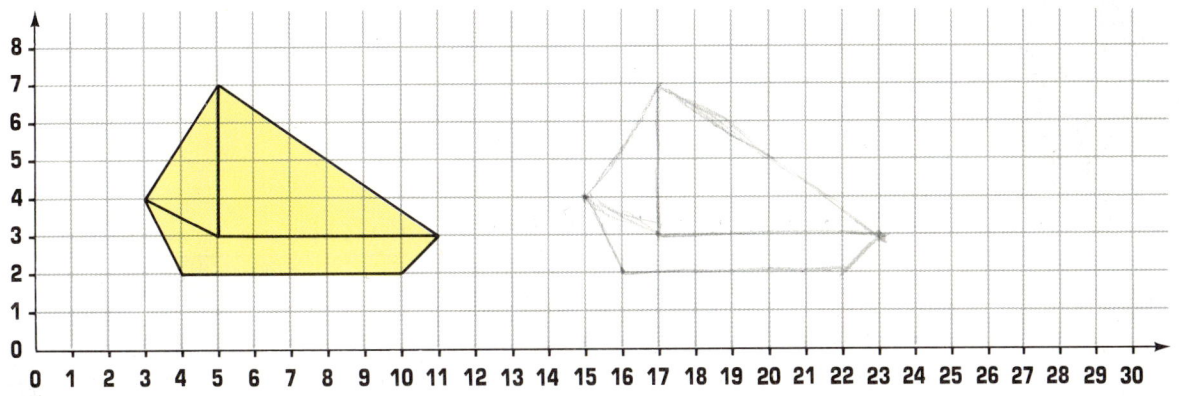

**4** Construis la figure symétrique de chacune des figures données.

a/

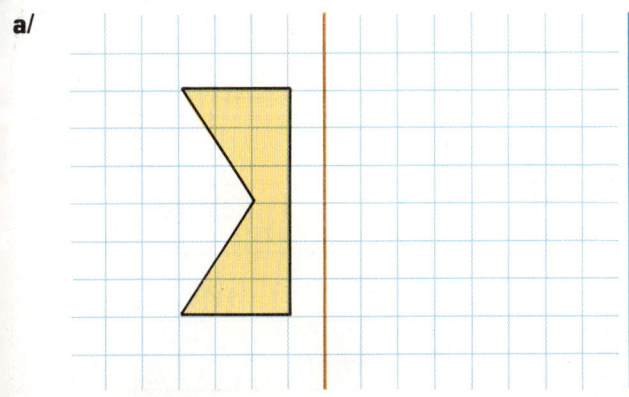

b/

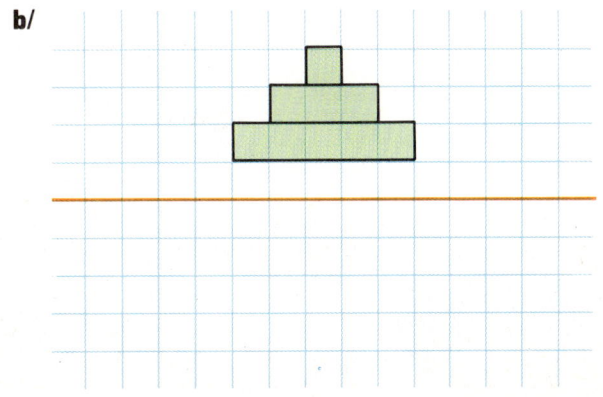

**1** Observe.

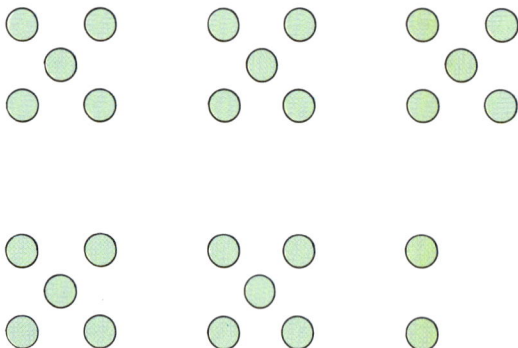

Écris le nombre de jetons dans le tableau ci-contre.

| d | u |
|---|---|
| __ | __ |

**2** Observe.

Écris le nombre d'étoiles
a/ en utilisant uniquement le signe + :

_____

b/ en utilisant uniquement le signe × :

_____

**3** Complète les tableaux (regarde les exemples).

| | a |
|---|---|
| vingt-cinq | 25 |
| quarante-neuf | ___ |
| soixante-douze | ___ |
| deux cent quinze | ___ |
| huit cent neuf | ___ |

| | b |
|---|---|
| 32 | trente-deux |
| 58 | _____ |
| 97 | _____ |
| 320 | _____ |
| 902 | _____ |

**4** Complète les tableaux (regarde les exemples).

| | a |
|---|---|
| 27 | 20 + 7 |
| 65 | ___ |
| 72 | ___ |
| ___ | 70 + 5 |
| ___ | 80 + 3 |
| ___ | 90 + 9 |

| | b |
|---|---|
| 143 | 100 + 40 + 3 |
| 320 | ___ |
| 605 | ___ |
| ___ | 500 + 30 + 6 |
| ___ | 800 + 40 |
| ___ | 700 + 9 |

| | c |
|---|---|
| 243 | $(2 \times 100) + (4 \times 10) + 3$ |
| 375 | ___ |
| 620 | ___ |
| ___ | $(8 \times 10) + 5$ |
| ___ | $(9 \times 100) + (7 \times 10)$ |
| ___ | $(8 \times 100) + 5$ |

**1** Mets le signe qui convient (< ou >).

20 .......... 18

43 .......... 51

64 .......... 59

67 .......... 76

**2** Mets le signe qui convient (<, =, >).

a/

40 + 5 .......... 46

70 + 7 .......... 67

80 + 12 .......... 92

60 + 16 .......... 78

b/

30 + 8 .......... 30 + 4

60 + 15 .......... 70 + 5

80 + 12 .......... 90 + 3

70 + 15 .......... 80 + 5

**3** Mets le signe qui convient (< ou >).

125 .......... 146

261 .......... 263

301 .......... 299

483 .......... 438

**4** Mets le signe qui convient (<, =, >).

a/

100 + 20 + 5 .......... 124

200 + 30 + 9 .......... 240

500 + 70 + 5 .......... 565

700 + 80 + 12 .......... 792

b/

$7 \times 6$ .......... $7 \times 3$

$5 \times 5$ .......... $5 \times 6$

$7 \times 7$ .......... $7 \times 0$

$4 \times 4$ .......... $2 \times 8$

**5** a/ Range du *plus petit au plus grand* les nombres de la série **A**, puis ceux de la série **B**.

**Série A** : 17 - 24 - 39 - 8 - 45 - 32 - 13

**Série B** : 324 - 423 - 301 - 103 - 234

b/ Range *du plus grand au plus petit* les nombres de la série **C**, puis ceux de la série **D**.

**Série C** : 9 - 18 - 36 - 40 - 25 - 49 - 14 - 21

**Série D** : 465 - 564 - 456 - 506 - 356

**6** Complète les tableaux.

a

| Nombre qui vient juste avant | Nombre donné | Nombre qui vient juste après |
|---|---|---|
| _____ | 19 | _____ |
| _____ | 60 | _____ |
| _____ | 71 | _____ |
| _____ | 89 | _____ |

b

| Nombre qui vient juste avant | Nombre donné | Nombre qui vient juste après |
|---|---|---|
| _____ | 819 | _____ |
| _____ | 580 | _____ |
| _____ | 909 | _____ |
| _____ | 700 | _____ |

**1** Complète la table.

| + | 6 | 8 | 5 | 7 | 9 |
|---|---|---|---|---|---|
| 0 |   |   |   |   |   |
| 6 |   |   |   |   |   |
| 9 |   |   |   |   |   |
| 7 |   |   |   |   |   |

**2** Calcule.

| a/ | b/ |
|---|---|
| 38 + 4 = _____ | 8 + 7 + 2 = _____ |
| 25 + 8 = _____ | 13 + 5 + 7 = _____ |
| 19 + 9 = _____ | 29 + 8 + 1 = _____ |
| 24 + 8 = _____ | 45 + 0 + 5 = _____ |
| 33 + 9 = _____ | 64 + 9 + 6 = _____ |

**3** Complète la table.

| × | 1 | 5 | 3 | 4 | 0 |
|---|---|---|---|---|---|
| 3 |   |   |   |   |   |
| 2 |   |   |   |   |   |
| 4 |   |   |   |   |   |
| 5 |   |   |   |   |   |

**4** Calcule.

| a/ | b/ |
|---|---|
| 5 × 6 = _____ | 7 × 8 = _____ |
| 6 × 4 = _____ | 9 × 7 = _____ |
| 6 × 7 = _____ | 4 × 9 = _____ |
| 7 × 5 = _____ | 6 × 8 = _____ |
| 4 × 7 = _____ | 8 × 8 = _____ |

**5** Complète.

a/
6 + _____ = 10
8 + _____ = 13
7 + _____ = 15
13 + _____ = 20
18 + _____ = 25

b/
9 − 4 = _____
13 − 8 = _____
15 − 10 = _____
11 − 6 = _____
12 − 7 = _____

c/* 15 − _____ = 10
16 − _____ = 6
13 − _____ = 7
18 − _____ = 9
25 − _____ = 17

**1** Calcule.

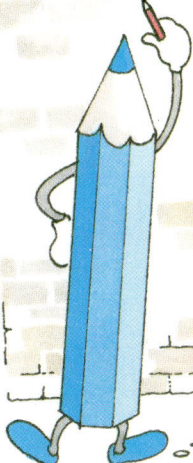

```
  2 3        5 2        2 4 6        3 5 7        7 3 1
+ 4 6      + 2 8      + 1 8 8      +   7 5      + 1 6 4
```

```
  2 3
+ 4 6
-----
  6 9
```

```
  3 2        4 5        1 2 3        2 0 3        1 4 0
×    4      ×    5      ×      3    ×      6    ×      4
```

```
  7 5        8 1        2 4 8        7 8 0        9 0 5
− 3 2      − 3 6      − 1 1 9      − 1 8 7      −   4 8
```

**2** Pose et effectue.

| 357 + 87 | 96 + 579 | 247 × 2 | 209 × 4 | 875 − 48 | 900 − 109 |

**3** * Entoure le nombre le plus proche de la somme qui figure sur l'étiquette.

51 + 31

60        110        80        100

Même travail.

79 + 79

120        180        160        150

**4** * Entoure le nombre le plus proche du produit qui figure sur l'étiquette.

25 × 9

150        350        300        250

Même travail.

29 × 11

100        200        300        400

**1** **a/** Colorie cette bande sur une longueur de 13 cm ;

**b/** celle-ci sur une longueur de 120 mm ;

**c/** celle-la sur une longueur de 1 dm et 4 cm.

**2** Utilise le double décimètre pour mesurer chaque segment.

**a/** Unité : le centimètre (**cm**)

A _____ B

C _____ D

Le segment AB mesure : _____

Le segment CD mesure : _____

**b/** Unité : le millimètre (**mm**)

E _____ F

G _____ H

Le segment EF mesure : _____

Le segment GH mesure : _____

**3** **a/** Trace un segment qui mesure 6 cm.

**b/** Trace un segment qui mesure 65 mm.

**4** **a/** Trace un segment qui mesure entre 4 et 5 cm.

**b/** Trace *un autre* segment qui mesure entre 4 et 5 cm.

**5** Complète en utilisant l'unité de mesure qui convient.

La longueur de mon livre de mathématiques est de 27 _____.

L'épaisseur de ma règle plate est de 3 _____.

La largeur de la salle de classe est de 6 _____.

**1** Calcule, en grammes, la masse totale des étalons contenus dans *une* boîte de masses marquées.

_____

_____

_____

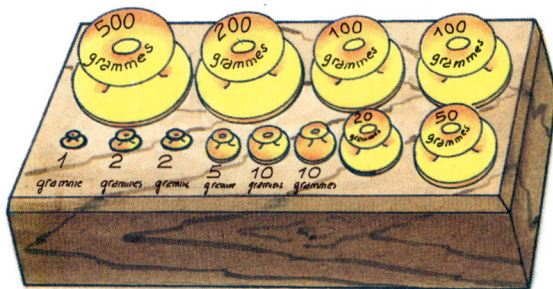

**2** Indique la masse en grammes de chaque objet.

**a**

100 g
20 g
5 g

Le sac de bonbons pèse : _____

**b**

500 g
200 g
20 g

Le gâteau pèse : _____

**c**

1 kg  200 g

L'ananas pèse : _____

**d**

1 kg
50 g

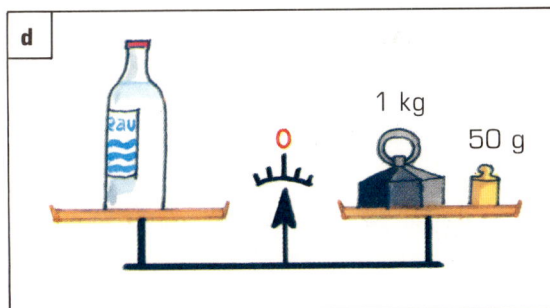

La bouteille d'eau pèse : _____

**3** Complète en utilisant l'unité qui convient.

Mon livre de mathématiques pèse 275 _____.

Clément est un élève du C.E.2 : il pèse 34 _____.

**1** Inscris l'heure sur les montres à affichage numérique représentées à côté des cadrans.

  ou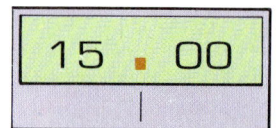

HEURE | MINUTE

 9 . 30 ou 21 . 30

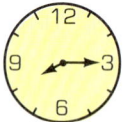 8 . 15 ou 20 . 15

 12 . 00 ou 00 . 00

 4 . 45 ou 16 . 45

**2** Dessine les deux aiguilles pour qu'elles indiquent la même heure que la montre à affichage numérique représentée à côté de chaque cadran.

a 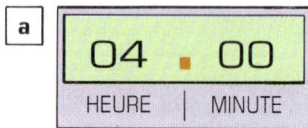 HEURE | MINUTE →

c  →

b  →

d 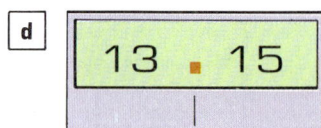 →

**3** Écris la liste des mois de l'année.

_____

_____

**4** Écris la liste des jours de la semaine en commençant par le mercredi.

_____

_____

**1** Voici les billes de Vincent :

**a/** Combien en a-t-il ?

_____ 23 _____

**b/** Combien doit-il encore en gagner pour en avoir 30 ?

_____ 7 _____

**2** Observe.

Les trois enfants rapportent à la maison tous les champignons qu'ils ont ramassés.

Combien y en aura-t-il ?

_____ 3 4 _____

_____ 2 5 _____

_____ 1 9 _____

_____ 7 8 _____

_____

**3** **a/** Martin a 18 ans.
Stéphane a 9 ans de plus que Martin.

Quel est l'âge de Stéphane ?

_____ 27 _____

_____

_____

**b/** Julie a 15 ans.
Véronique a 7 ans de moins que Julie.

Quel est l'âge de Véronique ?

_____ 8 _____

_____

_____

**4** Voici les pièces que possède Jérôme :

**a/** Laquelle de ces friandises peut-il acheter ?

_____ sucette _____

**b/*** Combien d'argent lui manque-t-il pour acheter 2 sucettes ?

_____ 1 F 50 _____

_____

**1**   Observe la collection de cubes.

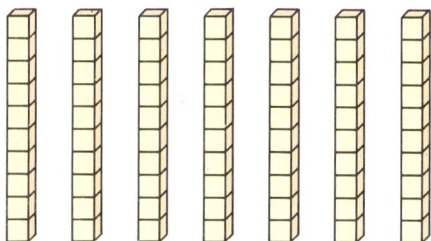

**a/** Écris le nombre de cubes dans le tableau.

| d | u |
|---|---|
| ___ | ___ |

**b/** Écris ce même nombre
— en toutes lettres :

_____

— sous la forme d'une somme :

_____

**2**   Voici tout l'argent que Nathalie a dans sa tirelire :

**a/** Écris sous la forme d'une somme le montant de sa « fortune ».

_____

Calcule cette somme.

_____

**b/** Écris le nombre obtenu en toutes lettres.

_____

**3**   **a/** Écris *tous* les nombres de *deux chiffres* que l'on peut former avec  | 7 |  | 5 |  | 8 |  sans utiliser deux fois le même chiffre.

_____

**b/** Écris chacun de ces nombres en toutes lettres.

_____     _____

_____     _____

_____     _____

**4**   Trouve tous les nombres qui s'écrivent avec *deux chiffres* et que l'on peut former en utilisant *une seule fois* chacune des étiquettes suivantes :

| quatre |   | huit |   | dix |   | vingt(s) |

Écris chacun de ces nombres en toutes lettres, puis en chiffres.

_____     _____

_____     _____

_____     _____

Complète (regarde l'exemple).

| 28 | 20 + 8 | 10 + 10 + 8 |
|----|--------|-------------|
| 35 | 30 + 5 | 10 + 10 + 10 + 5 |
| 56 | 50 + 6 | 10 + 10 + 10 + 10 + 10 + 6 |
| 45 | 40 + 5 | 10 + 10 + 10 + 10 + 5 |
| 47 | 40 + 7 | 10 + 10 + 10 + 10 + 7 |
| 39 | 30 + 9 | 10 + 10 + 10 + 9 |
| 60 | 60 + 0 | 10 + 10 + 10 + 10 + 10 + 10 |

**2** Complète (regarde l'exemple).

| | d | u | |
|---------|---|---|---------|
| 80 + 16 | 9 | 6 | 90 + 6 |
| 60 + 11 | 7 | 1 | 70 + 1 |
| 80 + 17 | 9 | 7 | 90 + 7 |
| 60 + 14 | 7 | 4 | 70 + 4 |
| 80 + 12 | 9 | 2 | 90 + 2 |
| 60 + 18 | 7 | 8 | 70 + 8 |

Écris à *ta guise* les nombres suivants sous la forme d'une somme de deux ou plusieurs nombres.

24 = 12 + 12 / 20 + 4 /

36 = 18 + 18 / 30 + 6

50 = 30 + 20 / 25 + 25

72 = 36 + 36 / 70 + 2

**4** Complète.

50 + 50 = 100

40 + 60 = 100

50 + 50 + 0 = 100

50 + 20 + 30 = 100

50 + 40 + 10 = 100

**1** Écris tous les nombres *pairs* compris entre 0 et 100 et dont le chiffre des dizaines est le même que celui des unités.

22, 33, 44 etc.

**3** * **a/** Combien de fois utilise-t-on le chiffre 1 lorsqu'on écrit la suite des nombres de 0 à 52 ?

16

**b/** Même question pour le chiffre 2 et la suite des nombres de 0 à 99.

20.

**2** * Je pense à un nombre de deux chiffres :

— ces deux chiffres sont impairs,

— et leur somme est égale à 10.

Quel peut être ce nombre ? (Il y a plusieurs solutions.)

7 + 3 / 5 + 5 / 9 + 1.

**1** Écris le nombre de cubes de chaque collection et mets entre eux le signe qui convient (< ou >).

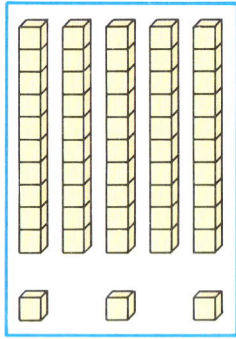

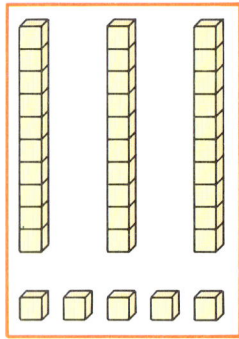

_____ .............

**2** Écris les nombres représentés sur chacun des abaques et mets entre eux le signe qui convient (< ou >).

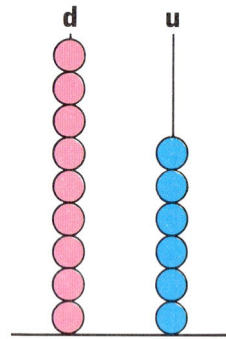

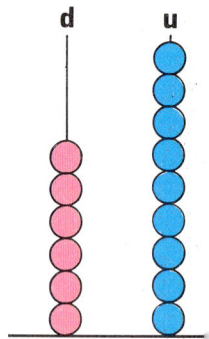

d    u          d    u

_____ .............

**3** Voici le nombre de points obtenus par différents enfants à un ensemble d'épreuves sportives :

| Nom des enfants | Alain | Claire | Marc | Marie | Bruno | Anne | Paule | Éric |
|---|---|---|---|---|---|---|---|---|
| Nombre de points | 84 | 65 | 73 | 67 | 97 | 76 | 94 | 72 |

Range ces enfants suivant le nombre de points qu'ils ont obtenus.

1er _____    3e _____    5e _____    7e _____

2e _____    4e _____    6e _____    8e _____

**4** Complète le tableau.

| Nombre qui vient juste avant | Nombre donné | Nombre qui vient juste après |
|---|---|---|
| _____ | 40 | _____ |
| _____ | 69 | _____ |
| _____ | 81 | _____ |
| _____ | 89 | _____ |
| _____ | 99 | _____ |

**5** Complète le tableau.

| Nombre terminé par 0 qui vient juste avant | Nombre donné | Nombre terminé par 0 qui vient juste après |
|---|---|---|
| _____ | 45 | _____ |
| _____ | 64 | _____ |
| _____ | 71 | _____ |
| _____ | 89 | _____ |
| _____ | 92 | _____ |

**exercices**

**1** Mets le signe qui convient (<, =, >).

a/ 36 ......... 24    34 ......... 43    b/ 50 + 7 ......... 60

19 ......... 21    71 ......... 92    60 + 12 ......... 74

62 ......... 47    58 ......... 85    80 + 15 ......... 95

45 ......... 91    93 ......... 73    80 + 5 ......... 93

**2** Trouve un nombre qui convient.

37 > _____    70 < _____ < 80    36 < 30 + _____

59 < _____    40 < _____ < 45    57 > 50 + _____

61 > _____    85 < _____ < 90    72 < 60 + _____

78 < _____    69 < 70 < 71    96 > 80 + _____

**3** Place convenablement sur la bande les nombres donnés (regarde l'exemple).

54    87    69    93    75    62    86    58

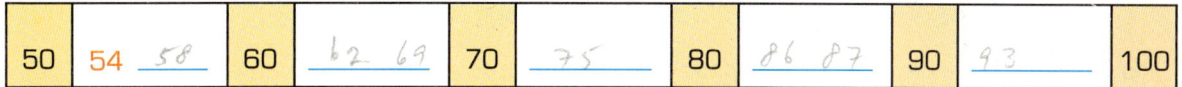

| 50 | 54  58 | 60 | 62  69 | 70 | 75 | 80 | 86  87 | 90 | 93 | 100 |

**4** a/ Compte de un en un

— de 37 à 53 : _____

— de 75 à 66 : _____

b/ Compte de dix en dix

— de 23 à 93 : _____

— de 75 à 15 : _____

**problèmes**

**1** Trouve tous les nombres de *deux chiffres* que l'on peut former avec les chiffres

7  3 et 5

(Tu peux utiliser deux fois le même chiffre.)

_____

53  73  57

Range-les du plus petit au plus grand.

_____

**2** Je pense à un nombre :

— il est plus grand que 50 ;
— il est plus petit que 80 ;
— le chiffre de ses dizaines est le même que celui de ses unités ;
— il est pair.

Quel est ce nombre ?

66

_____

**1** Sur le programme d'une fête hippique, on peut lire :

| 1re course | |
|---|---|
| Cavalier | Cheval |
| Antoine | Moujik |
| Bernard | Poma |
| Claude | |
| Denis | Vizir |

| 2e course | |
|---|---|
| Cavalier | Cheval |
| Antoine | Poma |
| Bernard | Vizir |
| Claude | Moujik |
| Denis | |

Un cavalier et un cheval forment un *équipage* qu'on note par exemple : | Antoine - Moujik | .

**a/** Écris la liste des équipages

— de la première course : _____

— de la deuxième course : _____

**b/** Écris la liste de *tous les équipages* qu'on peut former avec les quatre garçons et les trois chevaux.
(Tu peux compléter le schéma ci-dessous).

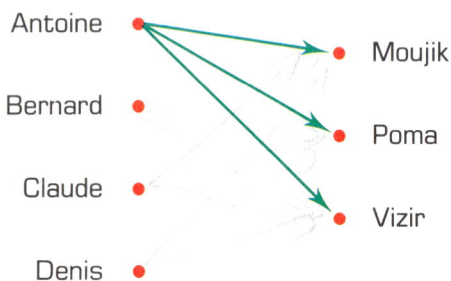

Antoine •
Bernard •
Claude •
Denis •

Moujik •
Poma •
Vizir •

| Antoine - Moujik | Bernard - Poma / Claude |
|---|---|
| Antoine - Poma / Bernard - Moujik / Denis - Vizir |
| Antoine - Vizir / Denis - Moujik / Claude - Poma |
| Bernard - Vizir / Claude - Moujik / Denis - Poma |
| _____ |

**2** Complète les deux tableaux (regarde les exemples).

| → | a | e | i | u |
|---|---|---|---|---|
| l | ___ | ___ | ___ | ___ |
| r | ___ | (r,e) | ___ | ___ |
| s | ___ | ___ | ___ | ___ |

| → | l | r | s |
|---|---|---|---|
| a | ___ | ___ | ___ |
| e | ___ | (e,r) | ___ |
| i | ___ | ___ | ___ |
| u | ___ | ___ | ___ |

Observe le tableau ci-dessous et colorie convenablement le cœur et les pétales laissés en blanc.

**2** Observe la série de cartes représentée ci-dessous et complète convenablement les cartes laissées en blanc.

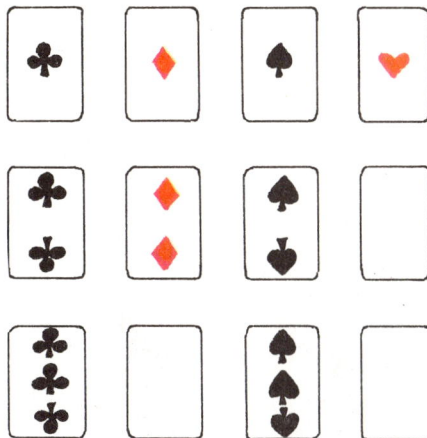

Observe bien les couleurs des supports et des ampoules.
Colorie convenablement les ampoules et les supports laissés en blanc.

Voici les scores de huit matches de football joués par l'équipe A contre huit autres équipes :

Écris

**a/** les numéros des matches gagnés par l'équipe A :

1   3   6   8   &

**b/** les numéros des matches perdus par l'équipe A :

2   5

**c/** les numéros des matches nuls : _____

4   7

| Numéro | Match | Score |
|--------|-------|-------|
| 1 | A-B | 3-2 |
| 2 | A-C | 0-1 |
| 3 | A-D | 4-3 |
| 4 | A-E | 2-2 |
| 5 | A-F | 1-3 |
| 6 | A-G | 2-1 |
| 7 | A-L | 0-0 |
| 8 | A-M | 4-1 |

**1** Les places louées d'un théâtre sont marquées d'une croix.
Écris les couples correspondant aux places encore libres (regarde l'exemple).

| | 0 | 2 | 4 | 6 | 8 | | 1 | 3 | 5 | 7 | 9 | |
|---|---|---|---|---|---|---|---|---|---|---|---|---|

A _____ (A, 0)    (A, 7)

B _____

C _____

D _____

**2** Éric et David ont joué à la bataille navale.

Voici la grille de David :

2ᵉ chiffre

| | 1 | 2 | 3 | 4 | 5 |
|---|---|---|---|---|---|
| 1 | | 🚢 | | 🚢 | |
| 2 | | | 🚢 | | |
| 3 | | 🚢 | | | 🚢 |
| 4 | | | | 🚢 | |
| 5 | 🚢 | | 🚢 | | |

1ᵉʳ chiffre

Voici les couples indiqués par Éric :

(2,1)  (2,3)  (2,4)  (4,1)  (1,4)

(1,2)  (5,3)  (1,5)  (4,4)  (5,1)

a/ Barre les couples qui indiquent la position d'un bateau.

b/ Indique les couples correspondant aux bateaux qui n'ont pas été coulés par Éric.

**exercices**

**1** Déchiffre les mots codés et construis une phrase sur ton cahier. Code à ton tour un message.

2ᵉ chiffre

| | 1 | 2 | 3 | 4 | 5 |
|---|---|---|---|---|---|
| 1 | a | f | n | t | y |
| 2 | j | b | g | o | p |
| 3 | q | k | c | h | u |
| 4 | v | r | l | d | i |
| 5 | z | x | s | m | e |

1ᵉʳ chiffre

(2,5) (4,5) (1,1) (1,3) (2,4)     (2,5) (1,1) (3,5) (4,3)

(5,3) (2,4) (4,5) (4,2) (5,3)     (2,1) (2,4) (3,5) (5,5)

(4,3) (5,5) (5,3)    (1,4) (2,4) (3,5) (5,3)    (4,4) (3,5)

Observe le plan.

a/ Écris les couples qui indiquent la position des bâtiments donnés dans le tableau. (Regarde l'exemple.)

| Gare | (E, 12) |
|---|---|
| Église | _____ |
| Mairie | _____ |
| Collège | _____ |
| Musée | _____ |

b/ Trouve, sur le plan, les bâtiments correspondant aux couples donnés dans le tableau. (Regarde l'exemple.)

| (D,4) | Théâtre |
|---|---|
| (B,11) | _____ |
| (C,7) | _____ |
| (D,1) | _____ |
| (B,4) | _____ |

**1** Voici un plan simplifié des lignes du « métro » de Paris :

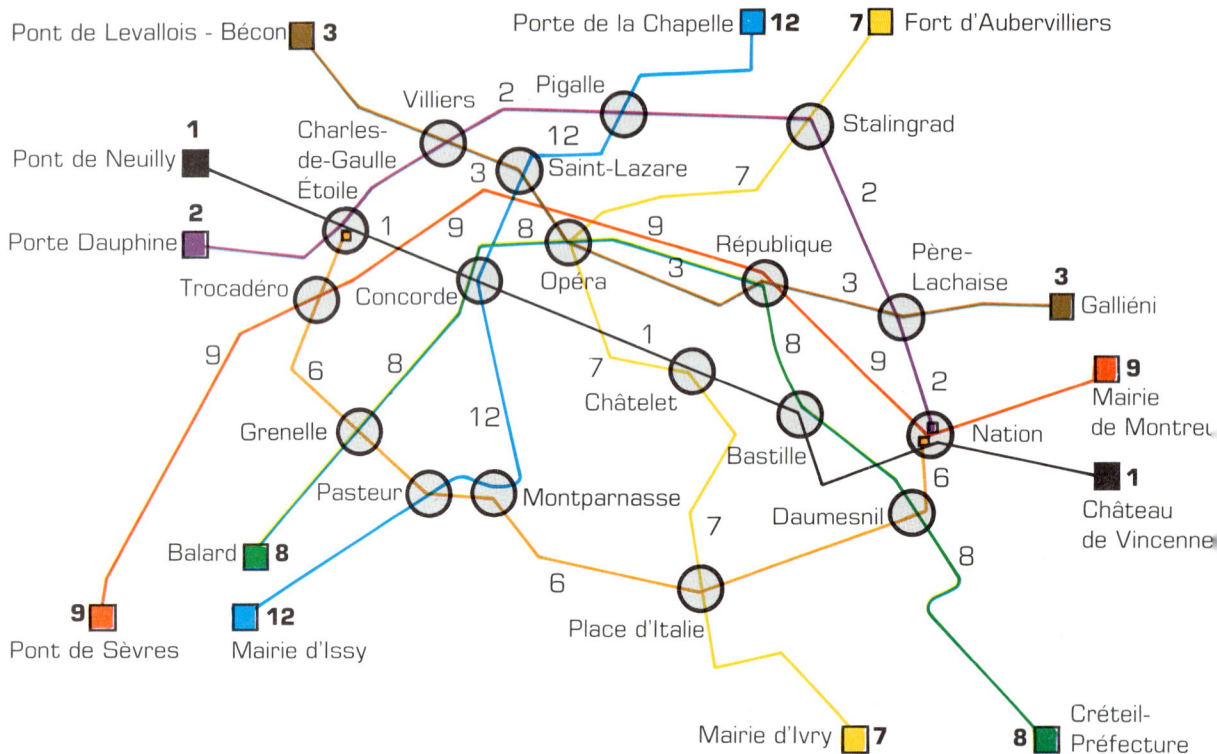

Pont de Levallois - Bécon ■ **3**

Porte de la Chapelle ■ **12**

**7** □ Fort d'Aubervilliers

Villiers — **2** — Pigalle

Stalingrad

**1**

Pont de Neuilly ■

Charles-de-Gaulle Étoile — **12** — Saint-Lazare

**3**

**7**

**2**

**2**

Porte Dauphine ■

**1** — **9** — **8** — **9** — République

Père-Lachaise

**3** □ Galliéni

Trocadéro

Concorde

Opéra

**3**

**3**

**9**

**9** — **6** — **8**

**1**

**7** — Châtelet

**8**

**9**

**2**

**9** □ Mairie de Montreu

Grenelle

**12**

Bastille

Nation

**1** ■ Château de Vincenne

Pasteur — Montparnasse

Daumesnil

**6**

Balard ■ **8**

**7**

**8**

**9** ■

Pont de Sèvres

**12** ■ Mairie d'Issy

**6** — Place d'Italie

Mairie d'Ivry □ **7**

**8** ■ Créteil-Préfecture

Repère chaque station donnée ci-dessous à l'aide des deux numéros des lignes qui y passent. (Regarde l'exemple.)

— Grenelle : (8, 6) ou (6, 8)   — Pasteur : _12 , 6_   — Stalingrad : _____

— Pigalle : _12 , 2_   — Trocadéro : _9 , 6_   — Place d'Italie : _6 , 7_

---

**2** Place sur le quadrillage les points correspondant aux couples donnés (regarde l'exemple).

| A | B | C | D | E | F |
|---|---|---|---|---|---|
| (3,1) | (4,2) | (6,2) | (7,1) | (7,3) | (8,5) |

| G | H | I | J | K | L |
|---|---|---|---|---|---|
| (7,4) | (4,4) | (3,5) | (1,4) | (2,3) | (3,3) |

Relie dans l'ordre les points :

A , B , C , D , E , F , G , H , I , J , K , L , A.

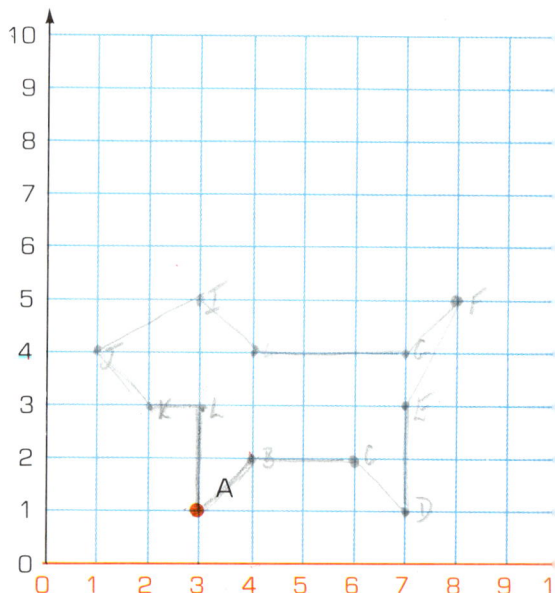

**a/** Écris les couples correspondant aux nœuds situés *à la fois* à l'intérieur du triangle et à l'intérieur du « rond ».

63, 64, 73, 83

**b/** Écris les couples correspondant aux nœuds situés *à la fois* à l'intérieur du triangle et à l'extérieur du « rond ».

33, 34, 35, 43, 44,
45, 53

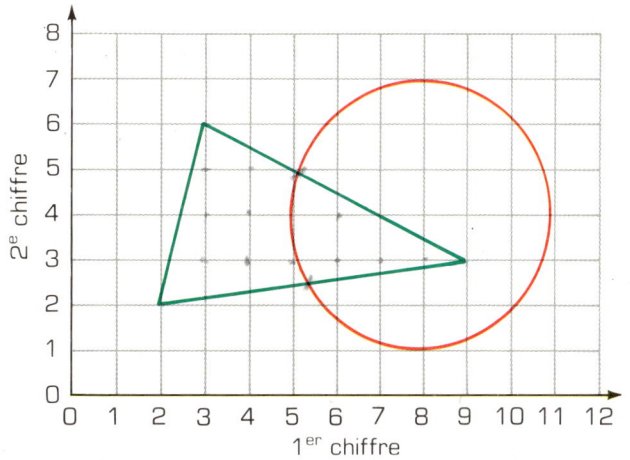

Écris dans l'ordre les couples correspondant aux nœuds par lesquels passe la ligne rouge en partant du point D (regarde l'exemple).

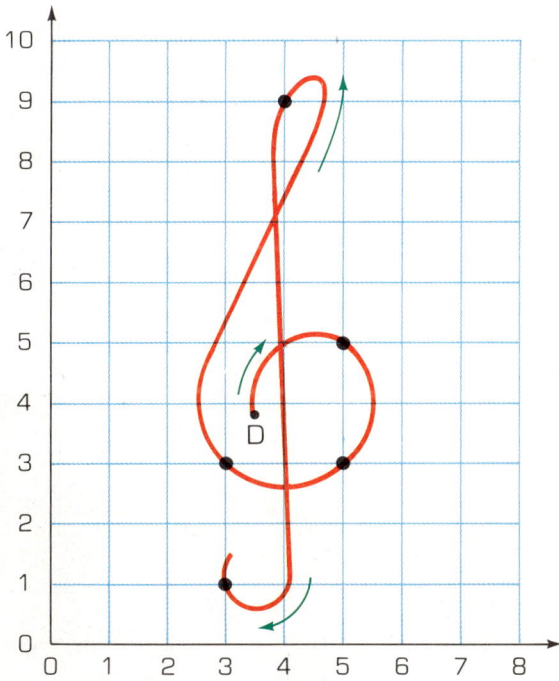

(5,5)  53    33
       49    31

**3** Observe le quadrillage.

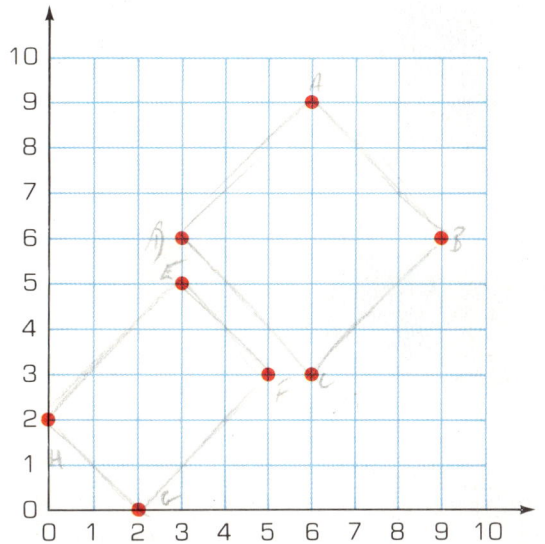

**a/** En reliant 4 des points placés sur le quadrillage, tu peux tracer un *carré* ABCD. Écris les couples correspondant aux sommets de ce carré.

| A | B | C | D |
|---|---|---|---|
| 69 | 96 | 63 | 36 |

**b/** En reliant quatre autres points, tu peux tracer un *rectangle* EFGH. Écris les couples correspondant aux sommets de ce rectangle.

| E | F | G | H |
|---|---|---|---|
| 35 | 53 | 20 | 02 |

**1** Complète les cases.

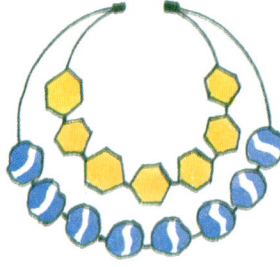

a ___ + ___ = ___

b ___ + ___ = ___

c ___ + ___ = ___

**2** Complète la table, puis dis ce que tu constates.

| + | 0 | 1 | 2 | 3 | 4 | 5 | 6 | 7 | 8 | 9 | 10 |
|----|---|---|---|---|---|---|---|---|---|---|----|
| 0 | | | | | | | | | | | |
| 1 | | | | | | | | | | | |
| 2 | | | | | | | | | | | |
| 3 | | | | | | | | | | | |
| 4 | | | | | | | | | | | |
| 5 | | | | | | | | | | | |
| 6 | | | | | | | | | | | |
| 7 | | | | | | | | | | | |
| 8 | | | | | | | | | | | |
| 9 | | | | | | | | | | | |
| 10 | | | | | | | | | | | |

**3** **a/** Observe les deux manières de calculer

la somme $7 + 3 + 6$ :

① $(7 + 3) + 6 = 10 + 6 = 16$

② $7 + (3 + 6) = 7 + 9 = 16$

Laquelle préfères-tu ? _____

**b/** Sur ton cahier, calcule à ta guise en plaçant les parenthèses :

$8 + 12 + 6$           $9 + 4 + 16$

**4** **a/** Observe les deux arbres.

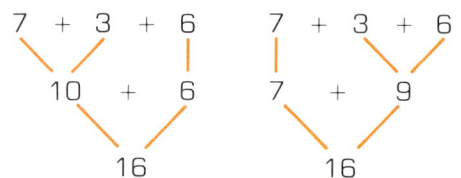

Dis ce que tu constates.

**b/** Sur ton cahier, utilise un arbre pour calculer le plus rapidement possible :

$7 + 3 + 5$         $15 + 9 + 11$

**a/** Complète (nombres et signe : < ou >).

| a | ———  ............  ——— |

| b | ———  +  ———  ............  ———  +  ——— |

**b/** Mets le signe qui convient.

17 ............ 9

17 +  3 ............ 9 + 3

8 ............ 15

8 +  7 ............ 15 + 7

18 ............ 24

18 +  9 ............ 24 + 9

## exercices

Complète.

8 + 7 = 7 + ___ = ___

6 + 5 = ___ + 6 = ___

9 + ___ = 0 + 9 = ___

**2** Calcule le plus rapidement possible.

7 + 5 + 13 = ___

15 + 4 + 6 +  5 = ___

13 + 9 + 7 + 11 = ___

Complète.

2 + 13 + ___ = 20

___ + 6 + 4 = 10

3 + ___ + 8 = 15

**4** Mets le signe qui convient (<, >, =).

8 + 2 + 7 ............ 8 + 2 + 4

3 + 6 + 4 ............ 5 + 6 + 4

1 + 3 + 5 ............ 3 + 3 + 3

## problème

bserve la cible ci-contre.

Quel est le plus grand nombre de points
u'un tireur peut obtenir en *quatre* coups ?

_____

On peut obtenir un résultat *supérieur à 60*
oints en *quatre* coups.

rouve plusieurs solutions : _____

_____  _____  _____

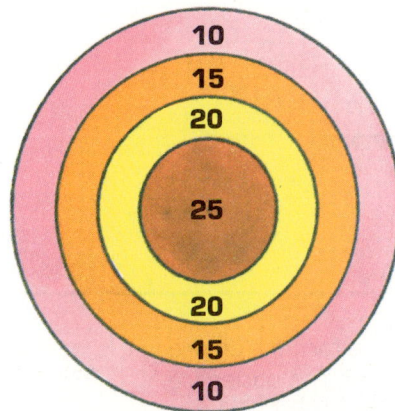

**1** **a/** Écris le nombre de drapeaux sous la forme de deux produits : ____ × ____ ou ____ × ____

**b/** Écris la somme qui correspond à chacun de ces produits.

_____ ou _____

**2** Observe la collection de jetons.

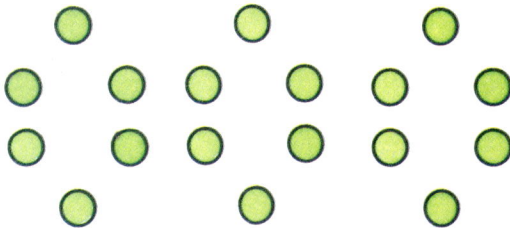

**a/** Écris le nombre de jetons sous la forme d'une somme en utilisant uniquement le nombre 6.

_____

**b/** Représente la collection de jetons en l[es] disposant « en rectangle ».

**c/** Écris le nombre de jetons sous la form[e] de deux produits.

_____ ou _____

**3** Pour quadriller le rectangle ci-dessous, on a marqué des repères.

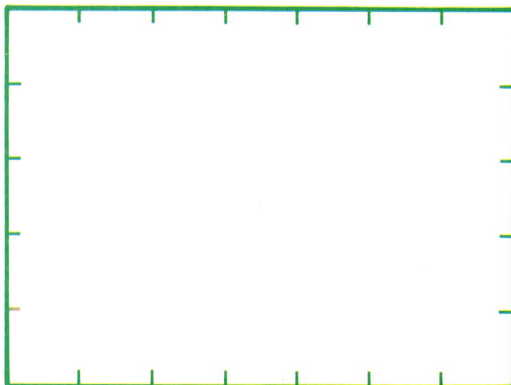

Écris sous la forme d'un produit le nombre de carreaux qu'on obtiendra.

_____

**4** Écris le nombre de petits losanges néces[s]aire pour *recouvrir entièrement :*

— le losange rouge : ____ × ____

— le losange bleu : ____ × ____

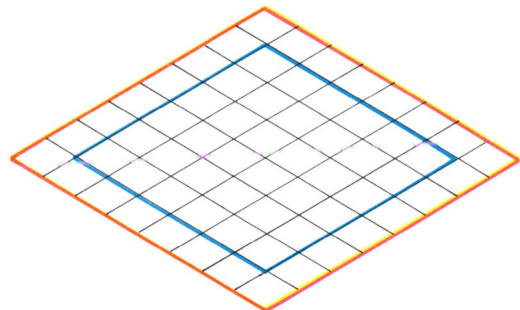

Mets le signe < ou > entre les deu[x] produits.

____ × ____  ............  ____ × ____

**1** Observe le dessin.

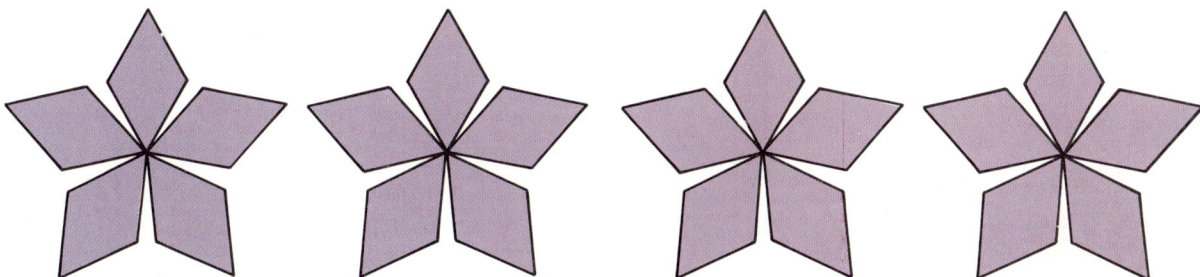

Écris le nombre de losanges sous la forme d'une somme, puis sous la forme du produit qui lui correspond : _____

**2** Dessine $5 \times 4$ croix.

Écris le nombre de croix sous la forme de deux sommes.

_____

**3** Dessine vingt-quatre croix et groupe-les par trois.

Complète l'égalité : $24 = 3 \times$ _____

**4** Observe et complète.

$7 + 7 + 7 + 7 + 7 = 7 \times$ _____ $=$ _____

$10 + 10 + 10 + 10 =$ _____ $=$ _____

$6 + 6 + 6 =$ _____ $=$ _____

$1 + 1 + 1 + 1 + 1 =$ _____ $=$ _____

**5** Observe et complète.

$9 \times 4 = 9 + 9 + 9 + 9$ $=$ _____

$7 \times 5 =$ _____ $=$ _____

$8 \times 3 =$ _____ $=$ _____

$6 \times 4 =$ _____ $=$ _____

**6** Mets le signe qui convient ($=$ ou $\neq$).

$4 \times 4$ _____ $4 + 4$

$2 \times 2$ _____ $2 + 2$

$3 + 3 + 3 + 3$ _____ $3 \times 4$

**7** Mets le signe qui convient ($<$ ou $>$).

$5 \times 3$ _____ $4 \times 3$

$8 \times 7$ _____ $8 \times 8$

$12 \times 6$ _____ $12 \times 8$

**1** Complète la table de multiplication et dis ce que tu constates.

| × | 0 | 1 | 2 | 3 | 4 | 5 | 6 | 7 | 8 | 9 | 10 |
|----|---|---|---|---|---|---|---|---|---|---|----|
| 0 | | | | | | | | | | | |
| 1 | | | | | | | | | | | |
| 2 | | | | | | | | | | | |
| 3 | | | | | | | | | | | |
| 4 | | | | | | | | | | | |
| 5 | | | | | | | | | | | |
| 6 | | | | | | | | | | | |
| 7 | | | | | | | | | | | |
| 8 | | | | | | | | | | | |
| 9 | | | | | | | | | | | |
| 10 | | | | | | | | | | | |

**2** **a/** Observe les deux manières de calculer le produit $6 \times 3 \times 3$ :

① $(6 \times 3) \times 3 = 18 \times 3 = 54$

② $6 \times (3 \times 3) = 6 \times 9 = 54$

Quelle est, pour toi, la manière la plus facile ? _____

**b/** Sur ton cahier, calcule à ta guise les produits suivants en plaçant les parenthèses pour rendre les calculs le plus facile pour toi.

$4 \times 5 \times 3$  $6 \times 5 \times 2$

**3** **a/** Observe les deux arbres.

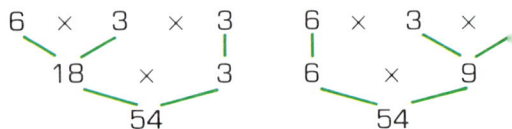

$$6 \quad \times \quad 3 \quad \times \quad 3 \qquad 6 \quad \times \quad 3 \quad \times$$
$$18 \quad \times \quad 3 \qquad 6 \quad \times \quad 9$$
$$54 \qquad\qquad 54$$

Dis ce que tu constates.

**b/** Sur ton cahier, utilise un arbre pou calculer le plus rapidement possible :

$3 \times 4 \times 2$  $6 \times 2 \times$

$6 \times 3 \times 2$  $3 \times 5 \times$

$9 \times 7 \times 0$  $8 \times 3 \times$

**4** Mets le signe qui convient (< ou >).

**a/**

8 ........ 6  5 ........ 7

$8 \times 3$ ........ $6 \times 3$  $5 \times 9$ ........ $7 \times 9$

**b/**

7 ........ 9  8 ........ 5

$7 \times 4$ ........ $9 \times 4$  $8 \times 7$ ........ $5 \times 7$

**5** Mets le signe qui convient (< ou >).

**a/**

$5 \times 3$ ........ $5 \times 4$  $9 \times 1$ ........ $9 \times 0$

$7 \times 8$ ........ $7 \times 7$  $6 \times 5$ ........ $7 \times 6$

**b/**

$1 \times 5 \times 3$ ........ $1 \times 5 \times 4$

$1 \times 2 \times 3 \times 4$ ........ $3 \times 2 \times 1 \times 0$

**1** Complète.

**a/** $4 \times 8 =$ ___ | $6 \times$ ___ $= 42$

$9 \times 5 =$ ___ | ___ $\times\ 8\ = 24$

$8 \times 7 =$ ___ | $7 \times$ ___ $= 35$

**b/** ___ $\times\ 5\ =\ 5\ \times 2 =$ ___

$3\ \times\ 1\ =$ ___ $\times 3 =$ ___

$6\ \times$ ___ $=\ 0\ \times 6 =$ ___

**2** Écris chaque nombre de toutes les façons possibles sous la forme d'un produit de deux nombres (regarde les exemples).

| 15 | 18 | 19 | 20 |
|---|---|---|---|
| 15 × 1 | 18 × 1 | | |
| 1 × 15 | | | |
| | | | |
| | | | |
| | | | |
| | | | |

15

## problèmes

**1** **a/** Complète la grille bleue pour avoir un carré magique.

| 6 | | |
|---|---|---|
| | 5 | |
| 8 | | 4 |

| 30 | | |
|---|---|---|
| | | 25 |
| 40 | | 20 |

**b/** Multiplie par 5 tous les nombres de la grille bleue et reporte les résultats dans la grille rouge (regarde les exemples).

Ce second carré est-il *aussi* magique ?

_____

**2** **a/** Observe bien le dessin de cette boîte de sucre dont on a déchiré une partie de l'emballage.

sucre
raffiné

**b/** Trouve le nombre total de morceaux de sucre contenus dans cette boîte quand elle est pleine.
(Toutes les rangées sont complètes.)

_____

_____

_____

_____

**1** | Observe la boîte de chocolats.

Écris sous la forme d'un produit :

**a/** le nombre de chocolats de chaque sorte : _____    _____

**b/** le nombre total de chocolats : _____

Calcule ce nombre en utilisant les deux produits écrits en **a/**.

_____

**2** | Observe ce quadrillage.

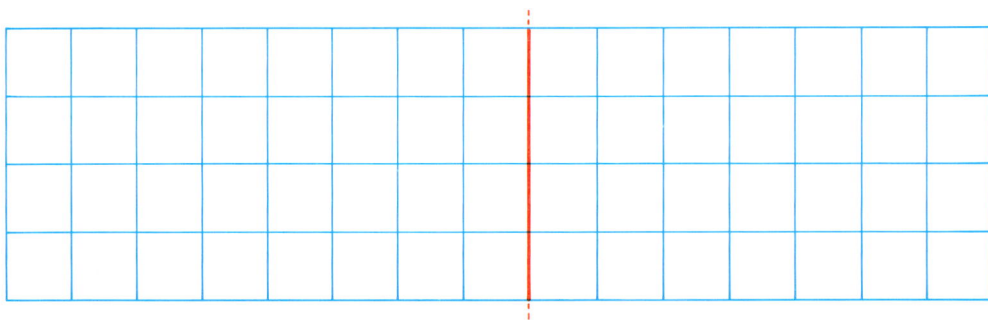

Écris le nombre total de carreaux de ce quadrillage sous la forme d'un produit.

_____

Calcule ce produit en utilisant le découpage proposé sur le quadrillage.

_____

**3** | Sur ton cahier, trace un quadrillage de $6 \times 17$ carreaux.

**a/** Écris le nombre total de carreaux de ce quadrillage sous la forme d'un produit.

**b/** Trace un trait vertical pour séparer le quadrillage en deux parties.

**c/** Calcule le nombre total de carreaux du quadrillage en utilisant le découpage que tu as choisi.

Calcule le plus rapidement possible (regarde les exemples).
Si tu éprouves des difficultés, construis un quadrillage.

$(3 \times 6) + (4 \times 6) =$ 7 × 6 = 42

$(6 \times 5) + (4 \times 5) =$ _____ = _____

$(2 \times 8) + (3 \times 8) =$ _____ = _____

$(7 \times 4) + (2 \times 4) =$ _____ = _____

$(3 \times 10) + (2 \times 10) + (2 \times 10) =$ 7 × 10 = 70

$(2 \times 6) + (2 \times 6) + (2 \times 6) =$ _____ = _____

$(4 \times 5) + (3 \times 5) + (2 \times 5) =$ _____ = _____

$(2 \times 8) + (3 \times 8) + (3 \times 8) =$ _____ = _____

Calcule (regarde l'exemple).

$12 \times 5 =$ (10 × 5) + (2 × 5)

$=$ 50 + 10

$=$ 60

$16 \times 5 =$ _____

$=$ _____

$=$ _____

$18 \times 4 =$ _____

$=$ _____

$=$ _____

$12 \times 8 =$ _____

$=$ _____

$=$ _____

*problèmes*

**1** Dans une salle de cinéma, il y a :

• 15 rangées de 11 fauteuils à droite de l'allée centrale ;

• 15 rangées de 9 fauteuils à gauche de l'allée centrale.

Y a-t-il assez de fauteuils pour 400 personnes ?

**2** Un parking comprend trois étages.

Au premier étage, on peut garer 5 rangées de 25 voitures, au deuxième étage, 3 rangées de 25 voitures et au troisième étage, 2 rangées de 25 voitures.

Ce parking est complet.

Combien de voitures y sont garées ?

**1** Une tablette de chocolat comporte 8 rangées de 4 carreaux chacune.

Combien y a-t-il de carreaux en tout ?

_____ 32 _____

_____

**2** Une classe compte 30 élèves.

La maîtresse achète 8 boîtes de 4 feutres chacune.

Pourra-t-elle donner un feutre à chaque élève ?

_____ 8 x 4 = 32 _____

_____ les 32 - 30 — _____

_____

**3** Sébastien vide son porte-monnaie.
Il y a 6 pièces de 10 F et 4 pièces de 2 F.

Combien d'argent Sébastien a-t-il ?

_____ 6x10 = 60 F _____

_____ 4x2 = 8 F _____

_____ 68 = _____

**4** Complète la table ci-dessous.

| × | 4 | 3 | 7 | 1 | 9 |
|---|---|---|---|---|---|
| 5 | 20 | 15 | 35 | 5 | 45 |
| 3 | 12 | 9 | 21 | 3 | 27 |
| 6 | 24 | 18 | 42 | 6 | 54 |
| 2 | 8 | 6 | 14 | 2 | 18 |
| 0 | 0 | 0 | 0 | 0 | 0 |

**5** * En utilisant toutes les données ci-dessous :

| 1 | 6 | 7 | + | × | ( | ) |

cherche différentes écritures et effectue les calculs.

_____

_____

_____

_____

_____

**1** Quelles pommes faut-il toucher pour obtenir — avec le moins de flèches possible — un total de 30 points ?

17    5    7    9    6    8

**2** **a/** En éducation physique, le maître demande à ses élèves de se grouper d'abord trois par trois.
Il obtient ainsi 8 équipes de 3 enfants.
Il leur demande ensuite de se grouper quatre par quatre.

Combien d'équipes a-t-il alors ?

**b/** Pour terminer la séance, il fait jouer ses élèves au « ballon prisonnier » et constitue deux équipes ayant le même nombre de joueurs.

Combien de joueurs comporte chacune des deux équipes ?

**3** Martin a 4 boulets. Il échange :

— chaque boulet contre 5 agates,

— puis chaque agate contre 3 billes de terre.

Combien de billes de terre a-t-il après ces échanges ?
(Si tu as des difficultés, fais un dessin.)

# Différence de deux nombres

**1** Complète les cadres **a/**, **b/** et **c/**.

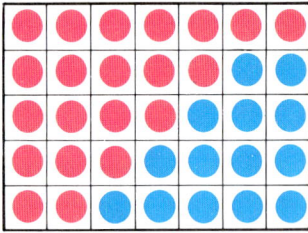

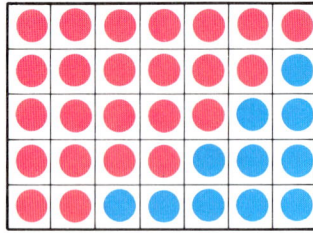

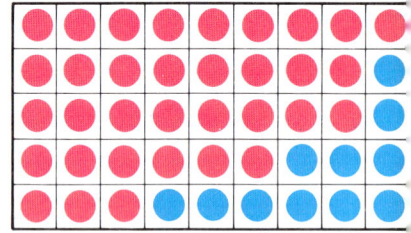

**a**    21 + ___ = 35

35 = ___ − ___

**b**    ___ + ___ = ___

___ = ___ − ___

**c**    ___ + ___ = ___

___ = ___ − ___

**2** Il y avait ce matin un soldat de plomb dans chacune des cases de cette vitrine.

En utilisant le signe **−**, écris : **a/** le nombre de soldats enlevés : _____

**b/** le nombre de soldats qui restent : _____

**3** Dans chacun des deux cas, écris et calcule la différence de taille des enfants.

**a/**

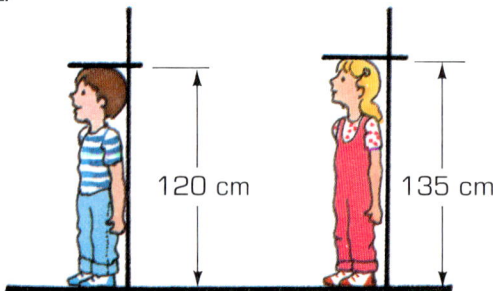

120 cm      135 cm

_____

**b/**

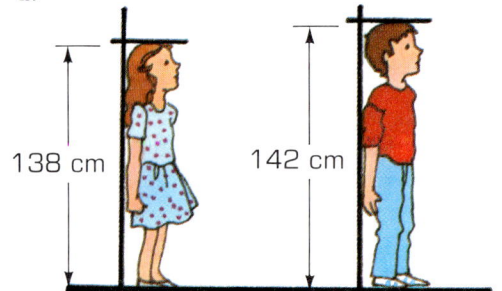

138 cm      142 cm

_____

**4** Observe ces deux guirlandes de lampions.

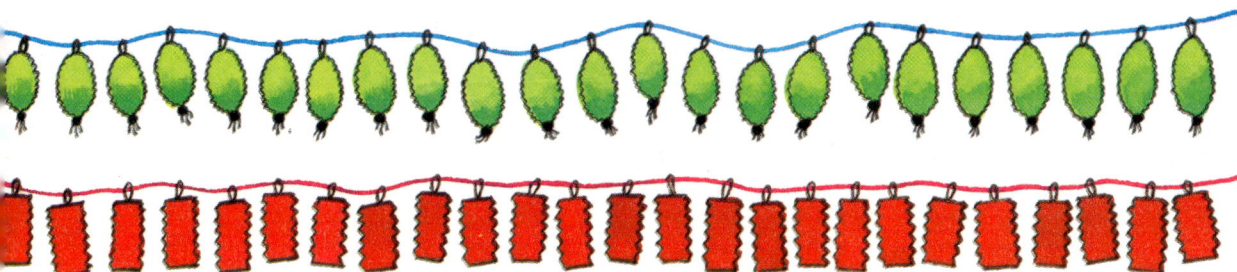

Écris et calcule la différence entre le nombre de lampions rouges et le nombre de lampions verts.

_____

━━━━━━━━━━━━━━ **exercices** ━━━━━━━━━━━━━━

Observe la bande ci-dessous.

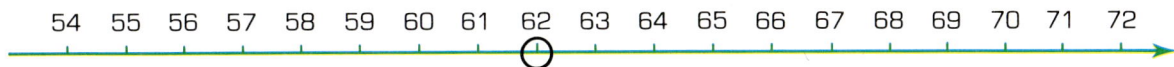

54  55  56  57  58  59  60  61  62  63  64  65  66  67  68  69  70  71  72

**a/** Marque d'un *rond bleu* les points correspondant aux nombres   | 62 + 5 |  et  | 62 − 5 |

d'un *rond rouge* les points correspondant aux nombres   | 62 + 7 |  et  | 62 − 7 |

**b/** Que peux-tu dire des points coloriés de la même couleur ?

_____

**c/** Écris sous la forme d'une différence que tu calculeras la distance qui sépare :

— les points bleus : _____

— les points rouges : _____

Regarde l'exemple, puis complète.

**a/**

| 12 − 8 = 4 |

| 8 + 4 = 12 |

| 12 − 4 = 8 |

**b/**

| ___ − ___ = ___ |

| 9 + 8 = ___ |

| ___ − ___ = ___ |

Complète.

10 − 7 = ___          16 − 4 = ___          16 − ___ = 10          20 − ___ = 15

10 − 4 = ___          13 − 5 = ___          18 − ___ = 10          13 − ___ = 9

17 − 6 = ___          14 − 9 = ___          14 − ___ = 10          16 − ___ = 7

18 − 5 = ___          15 − 6 = ___          17 − ___ = 7          11 − ___ = 5

**1** **a/** Complète la table (si l'opération est impossible, mets une croix).

Que constates-tu ? _____

_____

Essaie d'expliquer : _____

_____

_____

**b/** En observant bien la table, trouve plusieurs différences égales au nombre 5.

_____

_____

| −  | 0 | 1 | 2 | 3 | 4 | 5 | 6 | 7 | 8 | 9 | 10 |
|----|---|---|---|---|---|---|---|---|---|---|----|
| 0  |   |   |   |   |   |   |   |   |   |   |    |
| 1  |   | 0 |   |   |   |   |   |   |   |   |    |
| 2  |   |   |   | X |   |   |   |   |   |   |    |
| 3  |   |   |   |   |   |   |   |   |   |   |    |
| 4  |   |   |   |   |   |   |   |   |   |   |    |
| 5  |   |   |   |   |   |   |   |   |   |   |    |
| 6  |   | 5 |   |   |   |   |   |   |   |   |    |
| 7  |   |   |   |   |   |   |   |   |   |   |    |
| 8  |   |   |   |   |   |   |   |   |   |   |    |
| 9  |   |   |   |   |   |   |   |   |   |   |    |
| 10 |   |   |   |   |   |   |   |   |   |   |    |

**2** **a/** Observe, puis complète les cadres [a] et [b].

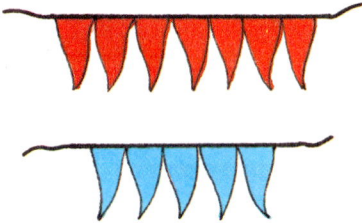

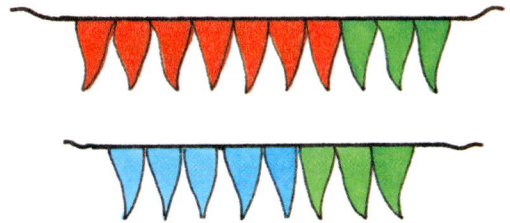

| a | _____ − _____ = _____ |
|---|------------------------|

| b | (_____ + _____) − (_____ + _____) = _____ |
|---|-------------------------------------------|

Que constates-tu ? _____

**b/** Calcule le plus rapidement possible :

$(9 + 8) − (4 + 8) =$ ____     $(17 + 6) − (10 + 6) =$ ____     $(25 + 19) − (15 + 19) =$ ____

**3** Calcule.

$(10 − 4) − 3$     $10 − (4 − 3)$

$(12 − 8) − 4$     $12 − (8 − 4)$

Que constates-tu ? _____

**1** Complète. Si c'est impossible, mets une croix.

$9 - 6 = $ ___

$7 - 9 = $ ___

$11 - 6 = $ ___

$12 - 7 = $ ___

$7 - 10 = $ ___

$11 - 4 = $ ___

$15 - 7 = $ ___

$18 - 9 = $ ___

$17 - 8 = $ ___

$13 - 6 = $ ___

$12 - 9 = $ ___

$14 - 15 = $ ___

**2** Complète la table. Si l'opération est impossible, mets une croix.

| − | 60 | 70 | 80 | 90 | 100 |
|---|---|---|---|---|---|
| 60 | | | | | |
| 70 | | | | | |
| 80 | | | | | |
| 90 | | | | | |
| 100 | | | | | |

**3** On donne les trois nombres :

| 17 | 12 | 4 |
|---|---|---|

**a/** Écris toutes les différences que tu peux calculer en utilisant *deux* de ces nombres.

_____   _____

_____   _____

**b/** Même travail avec | 13 | 16 | 15 | .

_____   _____

_____   _____

**4** **a/** Complète : on calcule chaque fois la différence entre deux nombres qui se suivent.

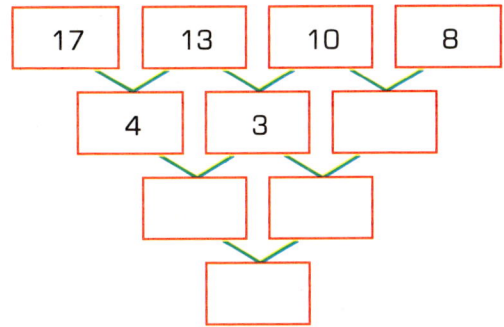

| 17 | 13 | 10 | 8 |

| 4 | 3 | |

| | |

| |

**b/** Sur ton cahier, fais de même avec les nombres :

| 25 | 20 | 16 | 13 |

**5** Colorie de la même couleur les cases dans lesquelles se trouve le même nombre.

$(13 + 6) - (9 + 6)$

$(12 + 8) - (7 + 8)$

$(14 + 5) - (7 + 5)$

$(21 + 7) - (5 + 7)$

$12 - 7$

$21 - 5$

$13 - 9$

$14 - 7$

**6** * Barre les cases dans lesquelles les calculs sont impossibles.

$(8 + 6) - 5$

$(8 - 6) + 5$

$8 - (6 \times 5)$

$(8 \times 6) - 5$

$8 - (6 + 5)$

$8 - (6 - 5)$

$(5 - 6) \times 8$

$8 \times (6 - 5)$

**1** Un autobus comporte 42 places assises. 30 places sont occupées.

Combien de places assises sont libres ?

42
− 30
*12*

**2** Dans une classe, il y a 31 élèves. 18 sont des filles.

Combien y a-t-il de garçons dans cette classe ?

31
− 18
13     *13*

**3** Reproduis et découpe les dominos ci-dessous.
Range-les de façon que deux cases comportant le même nombre se touchent.

| 25 + 15 | 29 − 8 |
|---|---|
| *40* | *21* |
| 13 | 50 − 10 |
| | *40* |

| 30 − 3 | 13 − 7 |
|---|---|
| *27* | *6* |
| 15 + 6 | 20 − 6 |
| *21* | *14* |

| 24 − 10 | 18 + 9 |
|---|---|
| *14* | *27* |
| (10 + 5) − 9 | 30 − 6 |
| *6* | *24* |

**4** Complète la table (regarde l'exemple).

| − | 4 | 10 | 6 | 7 | 3 |
|---|---|---|---|---|---|
| 10 | *6* | *0* | *4* | *3* | 7 |
| 12 | *8* | *2* | *6* | *5* | *9* |
| 15 | *11* | 5 | *9* | *8* | *12* |
| *16* | *12* | *6* | 10 | *9* | *13* |
| 13 | *9* | *3* | *7* | *6* | *10* |

**5** * En utilisant toutes les données ci-dessous :

| 2 | 9 | 4 | + | − | ( | ) |
|---|---|---|---|---|---|---|

cherche différentes écritures et effectue les calculs lorsque cela est possible.

**1** Maman va au marché avec un billet de 200 francs dans son porte-monnaie.
À son retour à la maison, il lui reste encore 3 pièces de 5 francs.

Quelle somme, en francs, a-t-elle dépensée ?

**2** Frédéric vide sa tirelire qui contient 57 francs.
« Il me manque 25 francs pour acheter le globe terrestre lumineux dont j'ai envie » dit-il.

Trouve le prix, en francs, de ce globe terrestre.

**3** Pour son anniversaire, Magali reçoit 50 francs de sa grand-mère et 30 francs de sa tante.

Avec l'argent ainsi reçu, pourra-t-elle s'acheter une boîte de peintures valant 87 francs ?

**4** Damien a 120 francs.
Il achète une voiture électrique valant 69 francs et, pour la faire fonctionner, un lot de piles coûtant 21 francs.

Combien d'argent lui restera-t-il après son achat ?

**5** * Céline voudrait acheter une mallette de jeux qui coûte 160 francs.
« Il me manque 10 francs » dit-elle.

Trouve la somme, en francs, que possède Céline.

**6** * Pascal a 26 billes.
Son frère Bruno a 14 billes de plus que lui.

**a/** Trouve le nombre de billes que possède Bruno.

**b/** Les deux frères mettent leurs billes dans un même sac.

Combien y aura-t-il de billes dans ce sac ?

**1**   Joël se demande quel âge lui et les membres de sa famille *auront* en l'an 2000.

**a/**   Complète le tableau.

| | Age en années | |
|---|:---:|:---:|
| | En 1987 | En 2000 |
| Joël | 8 | ____ |
| Sa sœur | 12 | ____ |
| Sa maman | 36 | ____ |
| Son papa | 39 | ____ |
| Sa grand-mère | 65 | ____ |
| Son grand-père | 67 | ____ |

**b/**   Explique les calculs que tu as faits.

_____

_____

**2**   Il se demande ensuite quel âge lui et les membres de sa famille *avaient* en 1980.

**a/**   Complète le tableau.

| | Age en années | |
|---|:---:|:---:|
| | En 1987 | En 1980 |
| Joël | 8 | ____ |
| Sa sœur | 12 | ____ |
| Sa maman | 36 | ____ |
| Son papa | 39 | ____ |
| Sa grand-mère | 65 | ____ |
| Son grand-père | 67 | ____ |

**b/**   Explique les calculs que tu as faits.

_____

_____

**3** Vérifie pour chacun des deux tableaux ci-dessous s'il existe une règle permettant de passer de la première à la seconde ligne. Si oui, complète ⊂⊃.

| 18 | 20 | 27 | 35 | 49 |
|----|----|----|----|----|

| 23 | 25 | 32 | 40 | 54 |
|----|----|----|----|----|

___

| 10 | 25 | 50 | 37 | 15 |
|----|----|----|----|----|

| 18 | 30 | 42 | 38 | 15 |
|----|----|----|----|----|

___

**4** Complète le tableau. Si c'est impossible, mets une croix dans la case.

r 3

| 0 | 1 | 2 | 3 | 4 | 5 | 6 | 7 | 8 | 9 | 10 | 11 | 12 |
|---|---|---|---|---|---|---|---|---|---|----|----|----|
|   |   |   |   |   |   |   |   |   |   |    |    |    |

___

**5** Complète les deux tableaux. Si cela est impossible, mets une croix dans la case.
Place ensuite les points sur le quadrillage (regarde les exemples).

a 2

| 2 | 4 | 0 | 1 | 3 | 7 | 10 | 9 | 8 | 5 |
|---|---|---|---|---|---|----|---|---|---|
| 4 |   |   |   |   |   |    |   |   |   |

r 2

| 2 | 4 | 0 | 1 | 3 | 7 | 10 | 9 | 8 | 5 |
|---|---|---|---|---|---|----|---|---|---|
|   | 2 |   |   |   |   |    |   |   |   |

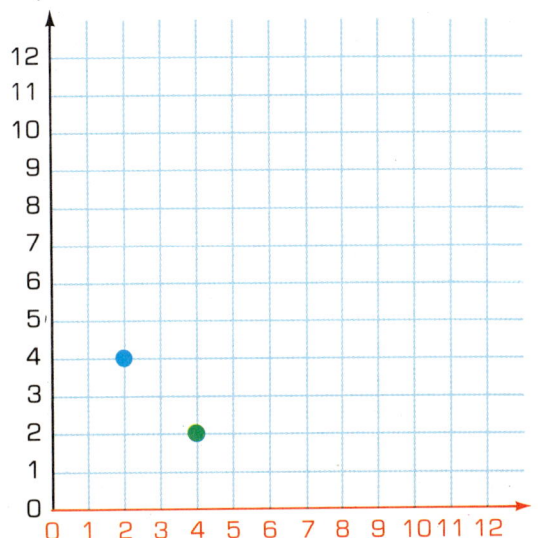

# Ajouter ou retrancher un nombre (2) . Exercices

**1** Complète les deux tableaux ci-dessous.

a 6

| | |
|---|---|
| 24 | |
| 35 | |
| 49 | |
| 58 | |
| 76 | |

_ _

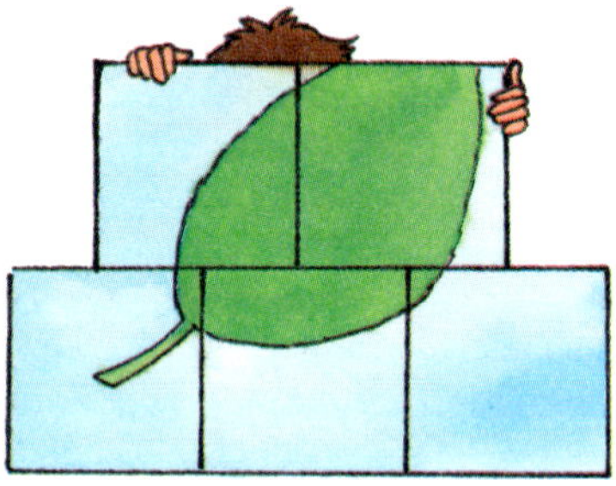

r 5

| | |
|---|---|
| 35 | |
| 50 | |
| 42 | |
| 53 | |
| 61 | |

_ _

**2** **a/** Observe et complète la grille.

| | | | | |
|---|---|---|---|---|
| 280 | 290 | 300 | 310 | 320 |
| 380 | 390 | | | |
| 480 | | 500 | | |
| 580 | | | | |
| 680 | | | | |

**b/** Voici un code :

↓ signifie « additionner 100 »

↑ signifie « retrancher 100 »

→ signifie « additionner 10 »

← signifie « retrancher 10 »

— Effectue le chemin codé et indique le nombre obtenu à l'arrivée.

| 500 | ↑ → → ↓ ↓ ← ← ↑ | |
|---|---|---|

— Trouve et code un chemin reliant le nombre 500 au nombre 680.

| 500 | | 680 |
|---|---|---|

**3** Observe et complète.

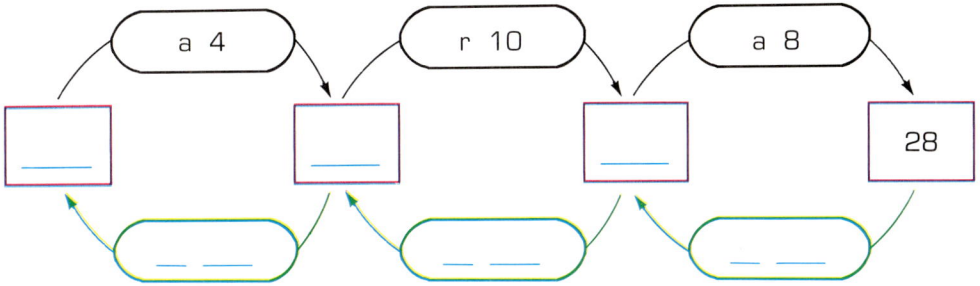

| a 4 | | r 10 | | a 8 |

| ___ | | ___ | | ___ | | 28 |

( ___ ) ( ___ ) ( ___ )

**4** Complète la grille du milieu pour avoir un carré magique.

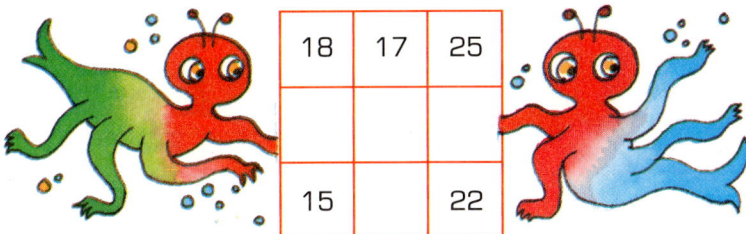

| 18 | 17 | 25 |
|----|----|----|
|    |    |    |
| 15 |    | 22 |

**a/** Ajoute 12 à tous les nombres de la grille rouge et inscris les nombres obtenus dans la grille verte.
Vérifie si cette nouvelle grille est un carré magique.

**b/** Retranche 6 à tous les nombres de la grille rouge et inscris les nombres obtenus dans la grille bleue.
Vérifie si cette grille est un carré magique.

── **problèmes** ──

**1** Mercredi, David avait 47 billes. Jeudi il en a *gagné* 5, vendredi, il en a *perdu* 7, et samedi, il en a *gagné* 12.

En te servant du schéma ci-dessous, trouve le nombre de billes qu'il avait samedi soir.

Jeudi          Vendredi          Samedi

| 47 | → ( a ___ ) → [ ] → ( ___ ) → [ ] → ( ___ ) → [ ]

**2** Je pense à un nombre.

— Je lui ajoute 20.
— Puis j'ajoute 5 au résultat obtenu.

J'obtiens 75.

Trouve le nombre auquel j'ai pensé.

**1** Observe la collection de plaques, de barres et de cubes.

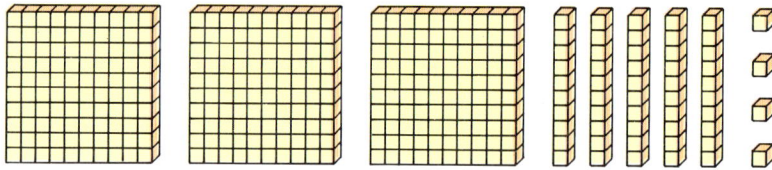

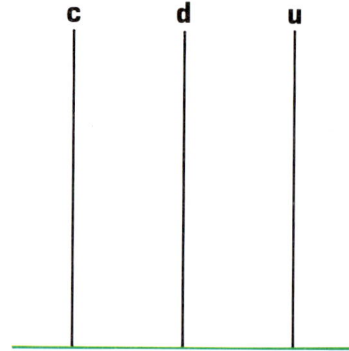

a/ Représente sur l'abaque le nombre de cubes de cette collection.

b/ Écris ce même nombre :

| c | d | u |
|---|---|---|
|   |   |   |

— dans le tableau ci-contre :

— en toutes lettres : _____

**2** Observe la grille de « bataille navale » sur laquelle Guillaume a tracé une croix sur les bateaux coulés.

Le bateau codé vaut 100 points.

Le bateau codé vaut 10 points.

Le bateau codé vaut 1 point.

Écris le nombre total de points marqués :

— en utilisant uniquement le signe + :

_____

— en utilisant à la fois les signes × et + :

_____

Parmi les trois écritures chiffrées, colorie celle qui est correcte.

| a | quatre cent quatre-vingt-sept | 478 | 487 | 748 |
|---|---|---|---|---|

| b | six cent sept | 607 | 706 | 670 |
|---|---|---|---|---|

| c | sept cent quatre-vingt-seize | 776 | 767 | 796 |
|---|---|---|---|---|

| d | neuf cent vingt-sept | 972 | 962 | 927 |
|---|---|---|---|---|

Complète (regarde les exemples).

**a/** $200 + 30 + 6 =$   236

$600 + 50 + 7 =$ _____

$400 + 90$   $=$ _____

$900 + 6$   $=$ _____

**b/** $245 = 200 + 40 + 5$

$947 =$ _____

$350 =$ _____

$904 =$ _____

**c/** $(7 \times 100) + 3$   $=$   703

$(6 \times 100) + (2 \times 10)$   $=$ _____

$(3 \times 100) + (7 \times 10) + 5 =$ _____

$(5 \times 100) + (9 \times 10) + 3 =$ _____

$(9 \times 100) + (0 \times 10) + 7 =$ _____

$(4 \times 100) + (1 \times 10) + 1 =$ _____

**d/** $365 = (3 \times 100) + (6 \times 10) + 5$

$974 =$ _____

$793 =$ _____

$420 =$ _____

$603 =$ _____

$999 =$ _____

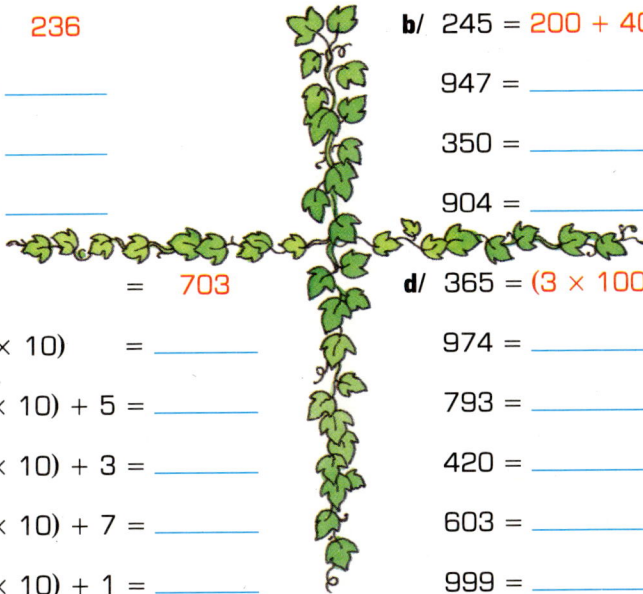

Complète le tableau (regarde l'exemple).

| 356 | $300 + 50 + 6$ | $(3 \times 100) + (5 \times 10) + 6$ |
|---|---|---|
| _____ | $600 + 30 + 7$ | _____ |
| _____ | _____ | $(8 \times 100) + (2 \times 10) + 6$ |
| _____ | $400 + 80$ | _____ |
| 912 | _____ | _____ |
| _____ | _____ | $(4 \times 100) + (3 \times 10) + 1$ |

**1** Observe cette collection de billets et de pièces.

Écris le nombre de francs :

| c | d | u |
|---|---|---|
| __ | __ | __ |

— dans le tableau ci-contre :

— en toutes lettres : _____

— en utilisant uniquement le signe + : _____

— en utilisant à la fois les signes × et + : _____

**2** Céline a joué avec sa sœur à un jeu de société.

Avant la partie, elle avait les points représentés ci-dessous :

Après la partie, elle avait encore :

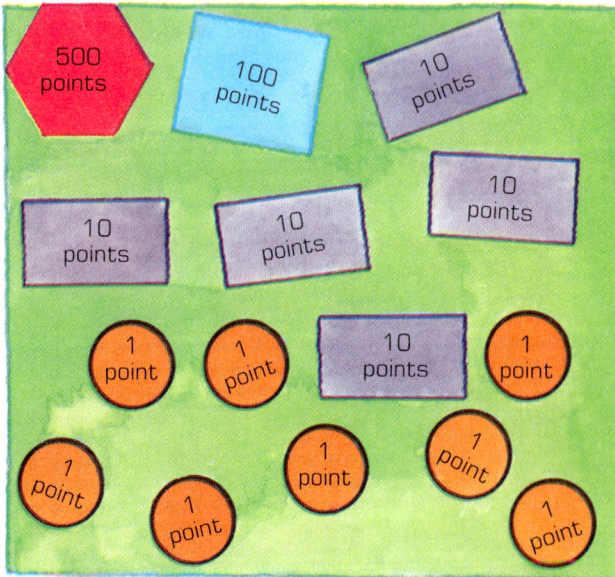

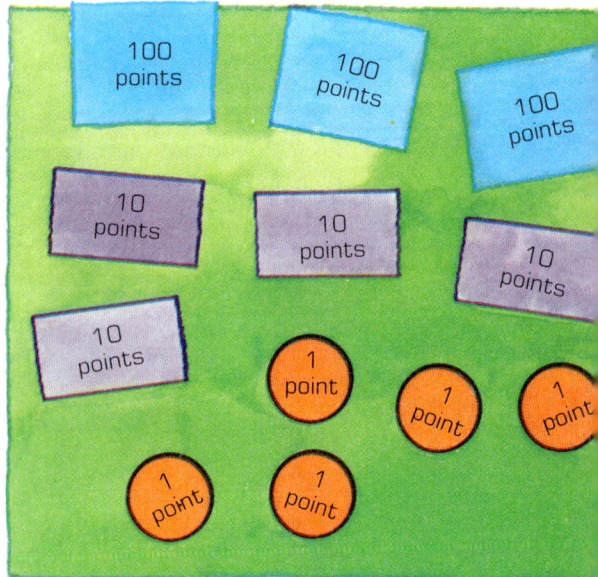

**a/** Écris, en utilisant le signe −, le nombre de points qu'elle a perdus au cours de cette partie.

_____

**b/** Calcule cette différence. _____

**1** Observe la cible dessinée ci-dessous.

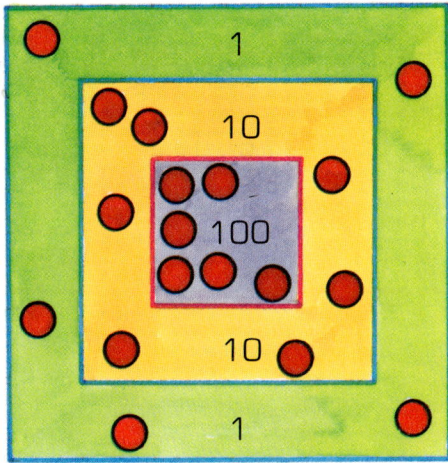

**a/** Nathalie a lancé les jetons rouges.

Écris le nombre de points marqués en utilisant à la fois les signes × et +.

Calcule ce nombre.

_____

_____

**b/** Complète la cible en dessinant des jetons bleus pour « arriver » à un total de 1 000 points.

Écris le nombre de points que tu as marqués avec les jetons bleus en utilisant à la fois les signes × et +.

_____

**2** Complète.

1 000 − 100 = _____      860 − 10 = _____      760 − 60 = _____

720 − 100 = _____      592 − 10 = _____      450 − 30 = _____

456 − 100 = _____      713 − 10 = _____      600 − 50 = _____

407 − 100 = _____      405 − 10 = _____      800 − 20 = _____

**3** Dans chaque cadre, colorie de la *même couleur* les cases où se trouvent des écritures qui représentent le *même nombre*.

| |
|---|
| 800 + (100 − 10) |
| 700 + 200 + 10 |
| 800 + 80 + 10 |

| |
|---|
| (800 − 50) + 8 |
| 700 + 60 + 8 |
| (7 × 100) + (5 × 10) + 8 |

| |
|---|
| (5 × 100) + (7 × 10) + 3 |
| 500 + 60 + 13 |
| 500 + 70 + 8 |

**problèmes**

**1** Une personne achète trois chiffres en fer forgé pour indiquer le numéro de sa villa.

Quel peut être ce numéro si les trois chiffres achetés sont : **3   5   7**

_____

_____

**2** Je pense à un nombre de trois chiffres. Si je te dis :

— que ces trois chiffres sont *impairs*,
— que leur somme est égale à 9,

quel peut être ce nombre ?

_____

_____

**1** Écris le nombre de cubes de chaque collection. Mets le signe qui convient (< ou >).

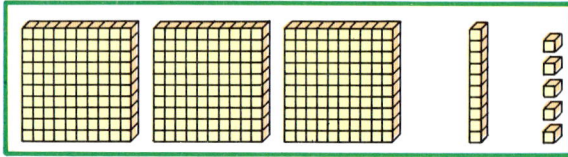

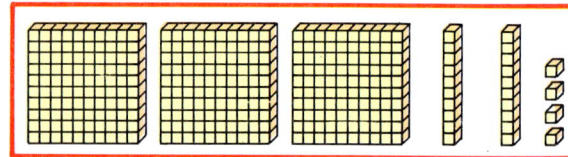

........................................................ .............. ........................................................

**2** Observe les tableaux donnant les résultats d'une partie de « bataille navale ».

**a/** Écris sous la forme d'une somme le nombre de points marqués par chaque enfant.

**b/** Essaie de comparer ces deux sommes sans les calculer (utilise le signe < ou >).

Juliette

| 100 points | 10 points | 1 point |
|------------|-----------|---------|
| × × × ×    | × ×       | × × × × |
|            | × × ×     | × × × × |
|            |           | ×       |

Adrien

| 100 points | 10 points | 1 point |
|------------|-----------|---------|
| × × ×      | × × ×     |         |
| ×          | × × ×     | ×       |

........................................................ .............. ........................................................

**3** Observe les deux collections de billets et de pièces ci-dessous.

**a/** En utilisant les signes × et +, écris le nombre de francs de chaque collection.

**b/** Essaie de comparer ces deux écritures sans faire les calculs (signe < ou >).

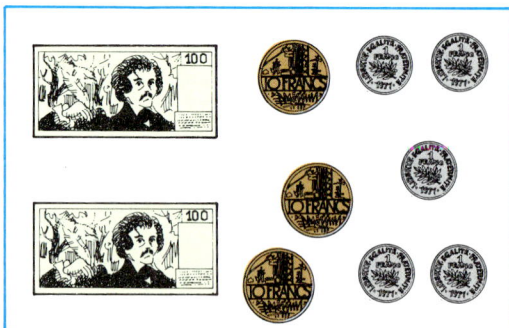

........................................................ .............. ........................................................

**a/** Range du *plus petit au plus grand* les nombres suivants :

831 — 381 — 995 — 654 — 456 — 583 — 706 — 138.

_____

**b/** Range du *plus grand au plus petit* les nombres suivants :

346 — 123 — 675 — 426 — 899 — 516 — 561 — 989.

_____

---
**exercices**
---

Mets le signe qui convient (<, =, >).

**a/**
236 ......... 263        256 ......... 265

482 ......... 824        876 ......... 867

207 ......... 157        609 ......... 690

684 ......... 702        998 ......... 919

1 000 ......... 999      601 ......... 599

**b/**
500 + 4 ......... 500 + 9

700 + 12 ......... 700 + 18

300 + 80 + 9 ......... 300 + 80 + 17

700 + 30 + 5 ......... 700 + 50 + 7

200 + 70 + 3 ......... 200 + 60 + 13

Essaie de trouver le signe qui convient (< ou >) sans faire les calculs.

(7 × 100) + 9 ......... (9 × 100) + 7

(9 × 100) + (2 × 10) ......... (9 × 100) + (6 × 10)

(8 × 100) + (6 × 10) + 3 ......... (8 × 100) + (6 × 10) + 5

(6 × 100) + (2 × 10) + 4 ......... (6 × 100) + (5 × 10) + 4

(7 × 100) + (5 × 10) + 3 ......... (5 × 100) + (7 × 10) + 3

Trouve un nombre qui convient.

**a/**
207 < _____

315 > _____

453 > _____

608 < _____

1 000 > _____

**b/**
200 + 8 > _____

200 + 12 < _____

500 + 7 > 500 + _____

300 + 50 < 300 + _____

850 + 89 > 850 + _____

**c/**
500 < _____ < 600

650 < _____ < 700

825 < _____ < 835

352 < _____ < 357

679 < _____ < 681

**1** Dans un hôtel, les numéros des chambres louées sont affichés sur un tableau électronique d réservation.

Écris les numéros des chambres qui sont encore libres.

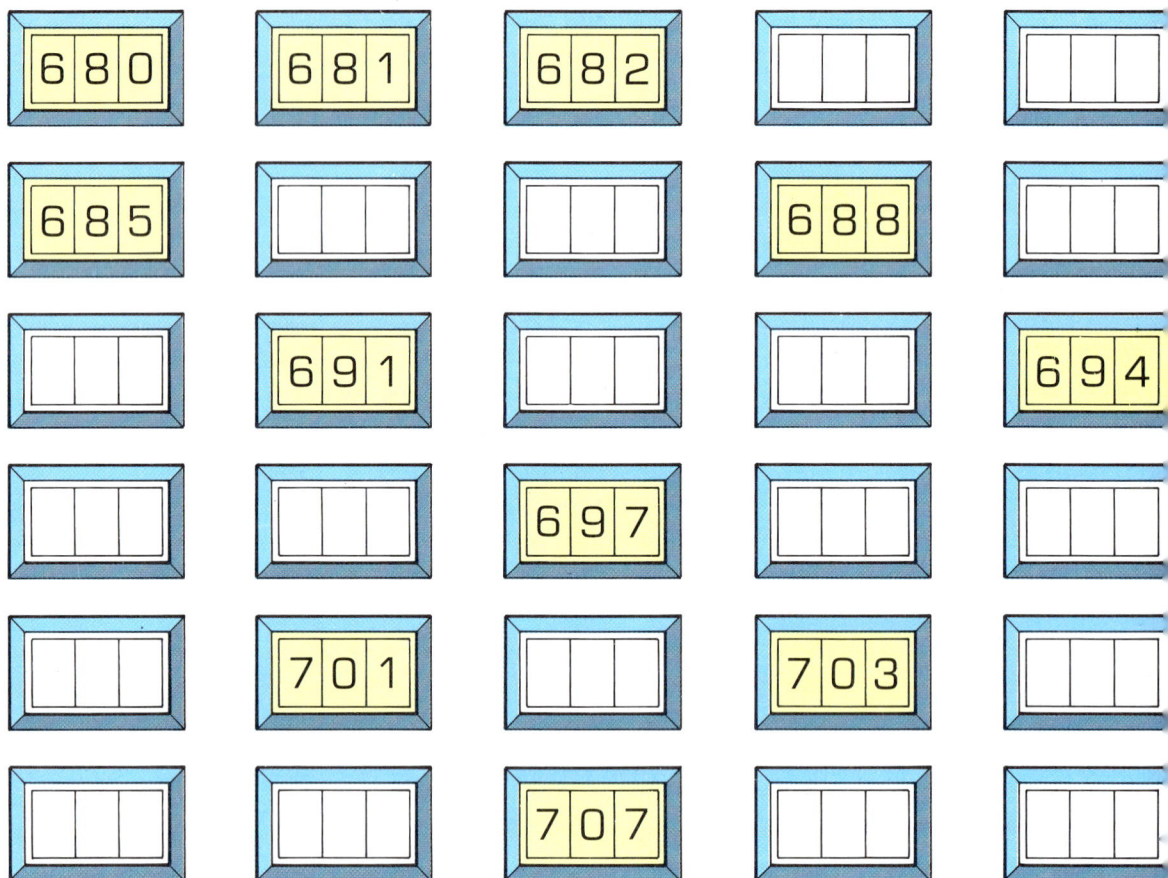

| 6 8 0 | 6 8 1 | 6 8 2 | | |
| 6 8 5 | | | 6 8 8 | |
| | 6 9 1 | | | 6 9 4 |
| | | 6 9 7 | | |
| | 7 0 1 | | 7 0 3 | |
| | | 7 0 7 | | |

**2** Complète les deux tableaux.

| Nombre qui vient juste avant | Nombre donné | Nombre qui vient juste après |
|---|---|---|
| | 645 | |
| | 509 | |
| | 411 | |
| | 839 | |
| | 960 | |
| | 700 | |

| Nombre terminé par 0 qui vient juste avant | Nombre donné | Nombre terminé par 0 qui vient juste après |
|---|---|---|
| | 465 | |
| | 302 | |
| | 711 | |
| | 507 | |
| | 682 | |
| | 999 | |

**exercices**

**1** Sur la bande coloriée ci-dessous, place convenablement les nombres suivants :

806    725    921    608    581    579

| 500 | | 600 | | 700 | | 800 | | 900 | | 1 000 |
|---|---|---|---|---|---|---|---|---|---|---|

**2** Observe et complète.

567 — 568 — 569 — ☐ — ☐ — ☐ — ☐ — ☐ — ☐ — ☐ →

645 — 643 — 641 — ☐ — ☐ — ☐ — ☐ — ☐ — ☐ — ☐ →

☐ — ☐ — ☐ — 890 — 895 — 900 — ☐ — ☐ — ☐ — ☐ →

☐ — ☐ — ☐ — 730 — 720 — 710 — ☐ — ☐ — ☐ — ☐ →

**problèmes**

**1** Trouve :

a/ le plus petit nombre de deux chiffres

terminé par zéro : _____

b/ le plus grand nombre de deux chiffres

terminé par zéro : _____

c/ le plus petit nombre de trois chiffres

terminé par zéro : _____

d/ le plus grand nombre de trois chiffres

terminé par zéro : _____

**2** Je pense à un nombre :

— il est plus grand que 700,
— il est plus petit que 800,
— il est impair,
— un de ses chiffres est zéro,
— la somme de ses chiffres est égale à 12.

Quel est ce nombre ? _____

**3** Écris tous les nombres de trois chiffres *inférieurs à 500* que l'on peut former avec les chiffres :

8   4   5

(Tu peux utiliser deux fois le même chiffre.)

_____

_____

Range ces nombres du plus *grand au plus petit*.

_____

**1** Un train rapide à destination de Paris quitte Strasbourg avec 548 voyageurs.

Il s'arrête uniquement à Nancy où 357 voyageurs montent à leur tour.

Trouve le nombre de voyageurs qui descendront du train à Paris:

**a/** sans poser l'opération;

**b/** en posant l'opération.

Vérifie à l'aide d'une calculatrice.

---

**2** Effectue les additions.

```
    4 5 6          3 5 2          4 1 5
  + 1 5 3        + 5 4 8        + 3 7 6
  _____        _____        _____


    2 6 8          4 7 2          3 8 2
  + 5 3 2        + 3 5 9        + 5 7 6
  _____        _____        _____


    5 7 4          4 3 8          3 1 5
  + 2 0 6        +   1 6        +   7 2
  + 1 9 4        + 5 2 7        + 1 3 8
  _____        _____        _____
```

**3** Pose et effectue.

| 385 + 142 | 697 + 78 | 34 + 276 |

| 507 + 29 + 5 + 297 | 318 + 6 + 47 + 285 |

---

**4** Complète.

**a/**
```
    1 4 2          2 4 3          _____
  + _____        + _____        + 3 1 6
  _____        _____        _____
    3 6 5          4 7 8          4 7 9
```

**b/**
```
    2 6 5          1 3 9          3 7 4
  + 1 6 _        + 1 _ _        + _ 5 _
  _____        _____        _____
    4 3 2          3 1 5          7 _ 8
```

La Bibliothèque Centre Documentaire d'une école possède un certain nombre de livres classés selon les genres et selon les âges des enfants.

Complète le tableau.

| Tranche d'âge | Nombre de livres | | | | TOTAUX |
|---|---|---|---|---|---|
| | Contes et légendes | Récits d'aventures | Récits historiques | Albums | |
| 6-7 ans | 67 | 38 | 18 | 29 | _____ |
| 8-9 ans | 76 | 45 | 37 | 34 | _____ |
| 10 à 12 ans | 89 | 126 | 86 | 47 | _____ |
| TOTAUX | _____ | _____ | _____ | _____ | _____ |

Complète le « carré magique ».

| 145 | 178 | 127 |
|---|---|---|
| | | 168 |
| 173 | | |

**3** Voici cinq nombres :

145    425    120

220    235

Avec trois de ces nombres, tu peux obtenir une somme égale à 500. Lesquels ?

_____

*problème*

260 kg    230 kg    320 kg    170 kg    440 kg

Le papa de Carole doit transporter les cinq caisses à l'aide de sa remorque qui ne peut transporter que 750 kg au maximum.

Comment doit-il charger ces caisses pour n'avoir à faire que *deux* voyages ?

_____
_____
_____

**1** Un instituteur veut acheter pour sa classe un électrophone valant autour de 1 000 F.

Il relève dans un catalogue les modèles et prix indiqués ci-dessous :

| Modèle | A | B | C | D | E | F |
|--------|-----|-----|------|------|-----|------|
| Prix en F | 920 | 990 | 1 200 | 1 020 | 800 | 1 120 |

**a/** Quels modèles pourra-t-il choisir ?

_____

**b/** Il en parle à son Directeur qui lui rappelle qu'en aucun cas la dépense *ne pourra dépasser de plus de 100 francs les 1 000 F prévus.*

Écris la liste de tous les appareils parmi lesquels l'instituteur pourra faire son choix.

_____

**2** La maîtresse d'une classe de CE2 demande à huit équipes d'élèves *d'estimer* la mesure en centimètres de la longueur de son bureau.

Voici les longueurs proposées par les différentes équipes :

| Équipe | A | B | C | D | E | F | G | H |
|--------|--------|--------|--------|--------|--------|--------|--------|--------|
| Longueur proposée | 130 cm | 145 cm | 165 cm | 185 cm | 150 cm | 175 cm | 190 cm | 180 cm |

La maîtresse dit alors : « Le bureau mesure exactement 160 cm, mais je dirai qu'une réponse est « *bonne* » si elle ne s'écarte pas plus de 20 cm *en plus ou en moins* de la mesure exacte. »

**a/** Quelles sont les équipes dont la réponse est « bonne » ? _____

**b/** Quelle est l'équipe qui a donné la meilleure réponse ? _____

**3** Écris à côté de chacun des nombres ci-dessous *le nombre terminé par 00* le plus proche.

| 399 | | 405 | | 295 | | 680 | |
| 702 | | 897 | | 190 | | 510 | |

Voici le nombre de garçons et de filles de six écoles primaires d'une ville :

| École | Pasteur | J. Ferry | Branly | Langevin | M. Curie | Vauban |
|---|---|---|---|---|---|---|
| Garçons | 82 | 72 | 58 | 52 | 39 | 32 |
| Filles | 76 | 31 | 54 | 52 | 49 | 60 |
| | | | | | | |

Essaie de trouver, *sans calculer,* les écoles qui ont « *autour de 100 élèves* » au total.

Trouve maintenant, en effectuant les calculs, les écoles qui ont un effectif de 100 élèves *à 10 élèves près* (10 élèves en plus ou en moins...).

Voici un extrait de catalogue d'articles de sport :

| Anorak | Ⓐ 1 040 F | Ⓑ 590 F | Ⓒ 680 F |
|---|---|---|---|

| Pantalon | Ⓡ 295 F | Ⓢ 405 F | Ⓣ 520 F |
|---|---|---|---|

**a/** Essaie de trouver, *sans calculer,* les équipements formés par un anorak et un pantalon qui valent *1 000 F à 100 F près.*

**b/** Cherche maintenant, en effectuant les calculs, tous les équipements dont le montant est compris dans les limites imposées en **a/.**

**1** Place convenablement les nombres :

$\boxed{3}$ $\boxed{5}$ $\boxed{7}$

pour trouver, dans chaque cas, la bonne réponse.

( _____ + _____ ) × _____ = 50

( _____ + _____ ) × _____ = 56

( _____ − _____ ) × _____ = 20

**2** Place correctement les signes +, ×, − et les parenthèses pour obtenir les égalités suivantes :

3     3     3     3   = 36

3     3     3     3   = 18

3     3     3     3   = 0

3     3     3     3   = 6

**3** Place les nombres 1, 2, 4, 6 et 7 pou que la somme des nombres placés su chaque côté du triangle soit égale à 2C

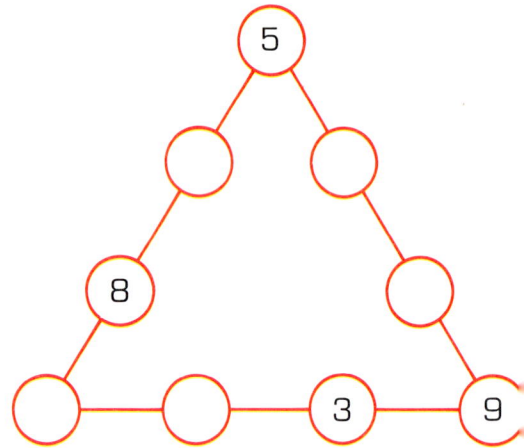

**4** Observe et continue.

| 2 | 7 | 12 | 17 | | | | | | |
|---|---|----|----|---|---|---|---|---|---|

| | | | 37 | 47 | 57 | | | | |
|---|---|---|----|----|----|---|---|---|---|

| 1 | 2 | 4 | 8 | | | | | | |
|---|---|---|---|---|---|---|---|---|---|

| 19 | 28 | 37 | 46 | | | | | | ✕ |
|----|----|----|----|---|---|---|---|---|---|

| 1 | 2 | 3 | 5 | 8 | | | | | |
|---|---|---|---|---|---|---|---|---|---|

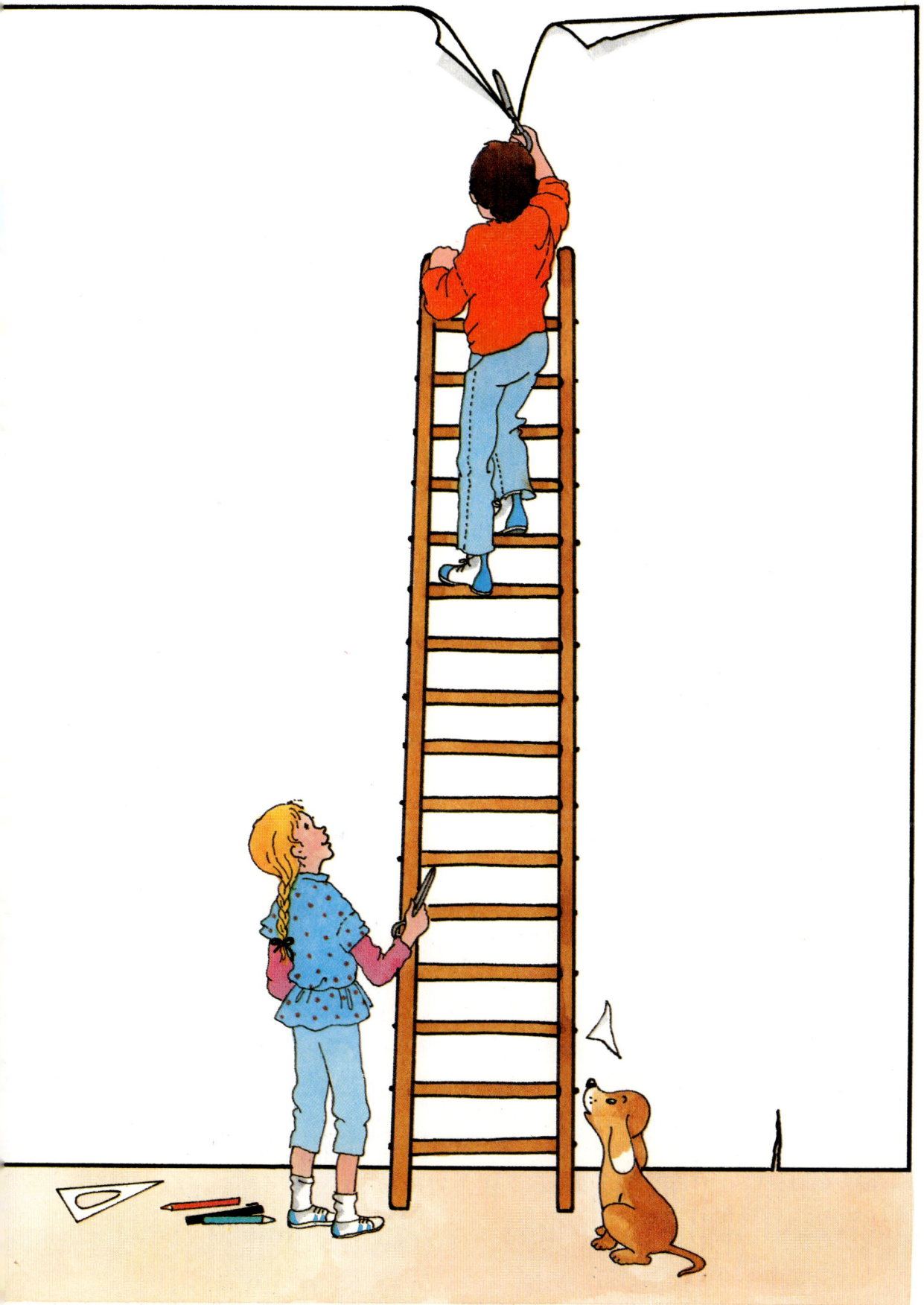

**1** Découpe les cinq patrons, puis construis les solides correspondants.

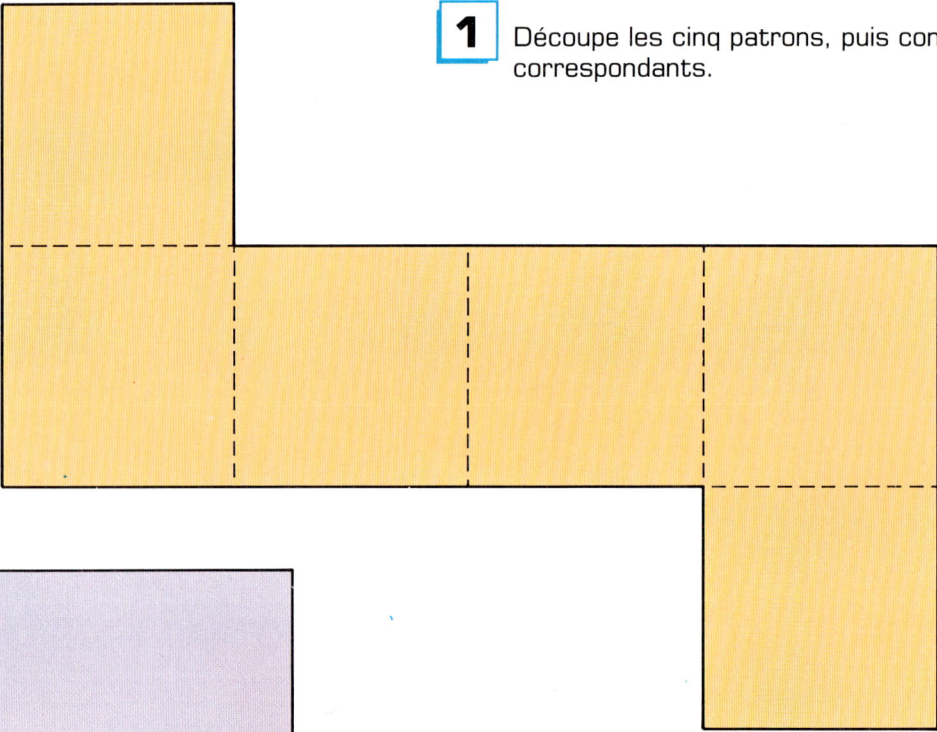

A

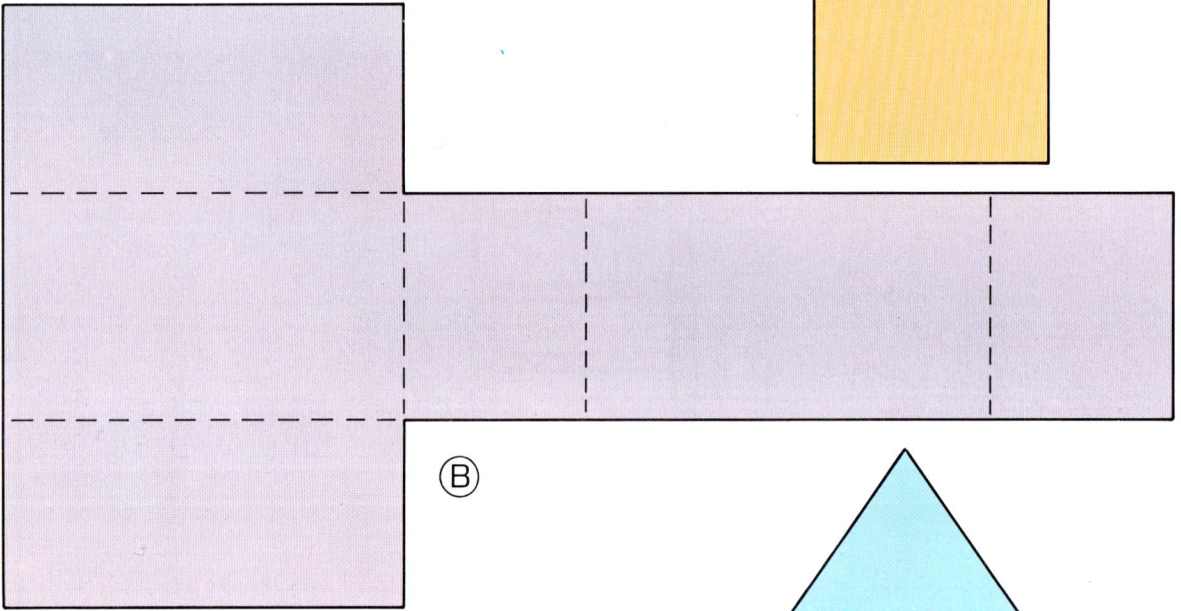

B

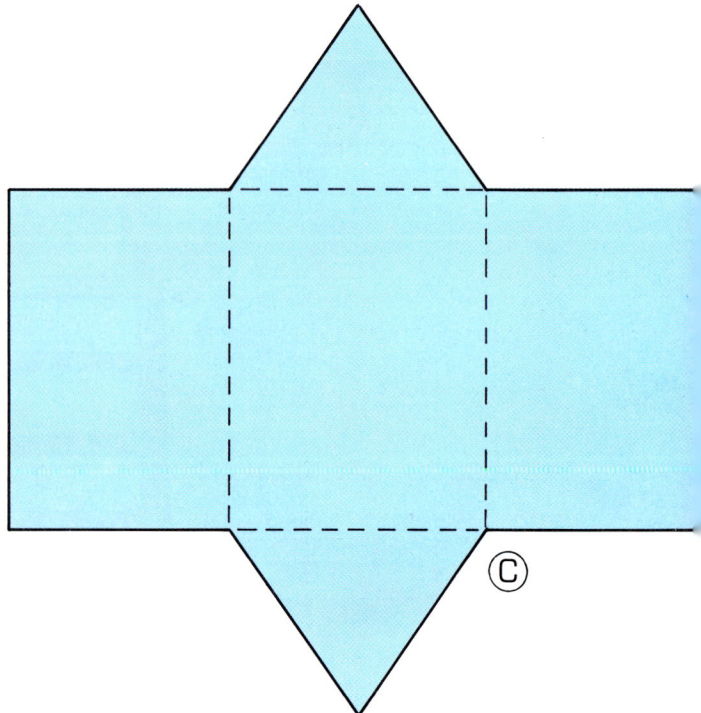

C

Ⓓ

Ⓔ

**3** **a/** Lequel des cinq solides est un *cube* ?

_____

**b/** Y a-t-il un autre solide qui a, *à la fois*, le même nombre de faces, d'arêtes et de sommets que le cube ?

_____

**c/** En quoi est-il différent du cube ?

_____

**4** **a/** Lequel de ces cinq solides est une pyramide ? _____

**b/** Y a-t-il un autre solide ayant à la fois le même nombre de faces, d'arêtes et de sommets que la pyramide ? _____

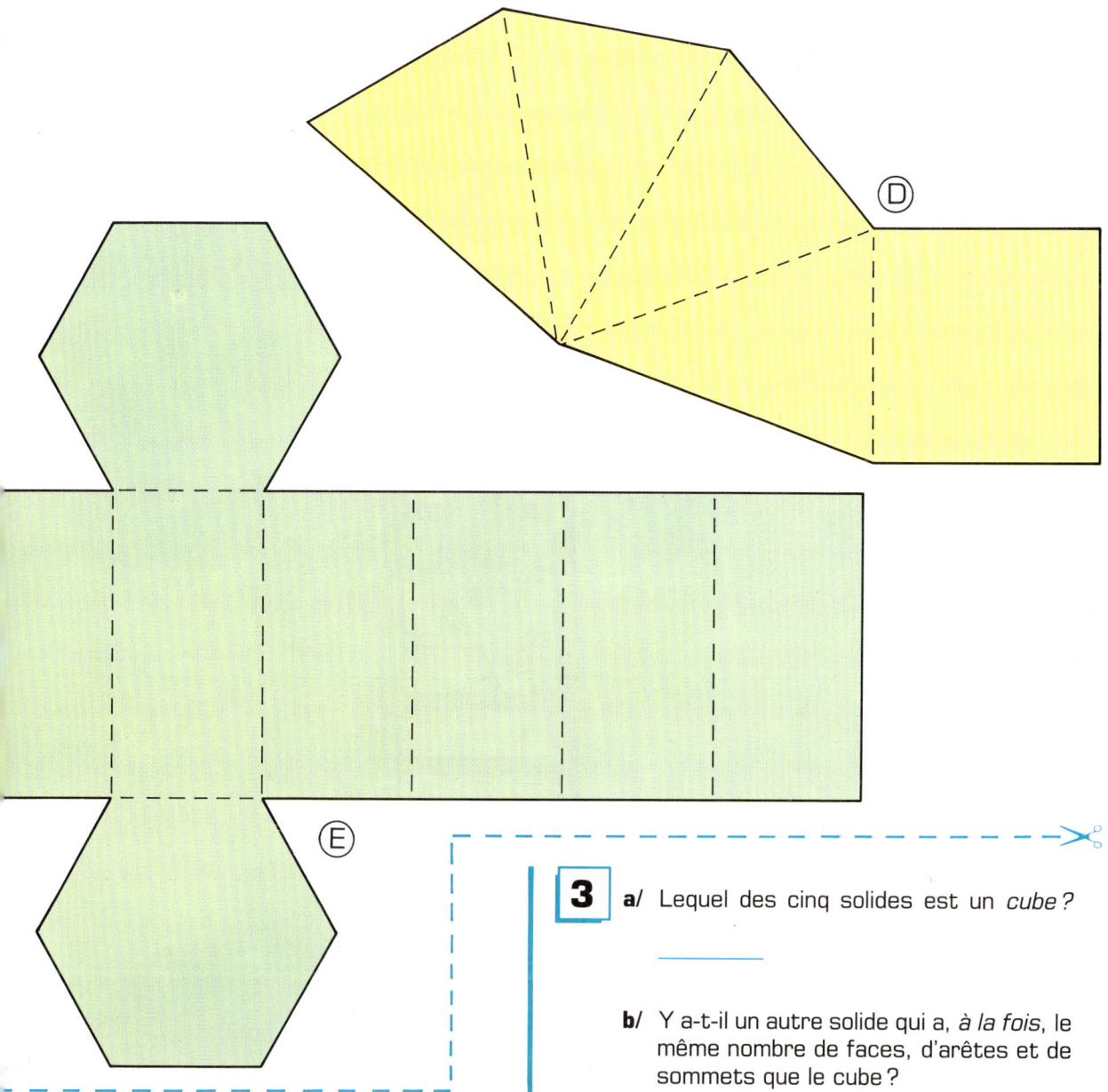

Complète le tableau.

| Solide | Nombre de faces | Nombre d'arêtes | Nombre de sommets |
|--------|-----------------|-----------------|-------------------|
| **A** | | | |
| **B** | | | |
| **C** | | | |
| **D** | | | |
| **E** | | | |

**1** Observe et réalise les assemblages suivants avec des cubes.

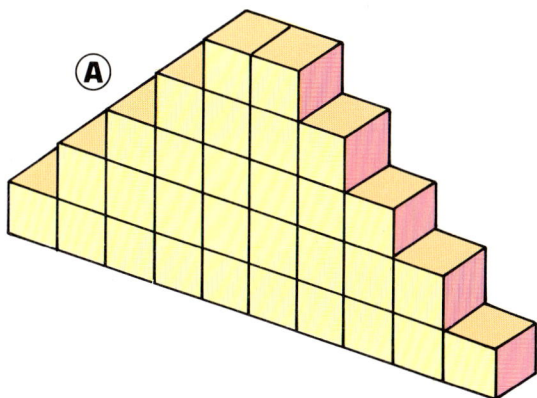

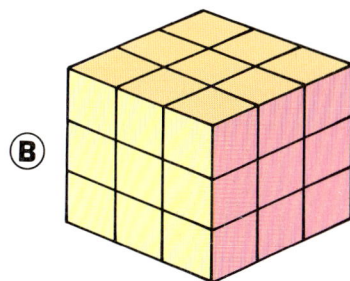

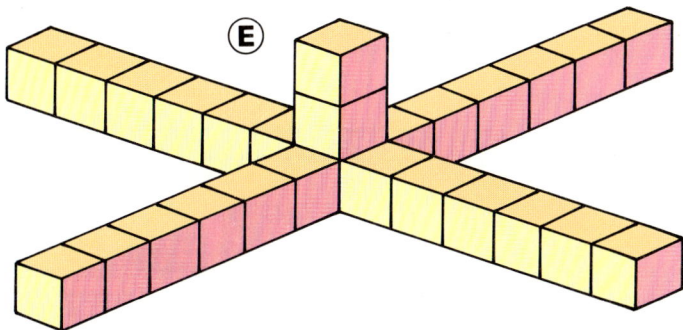

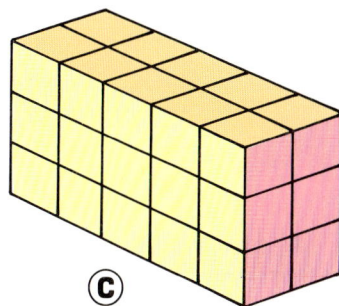

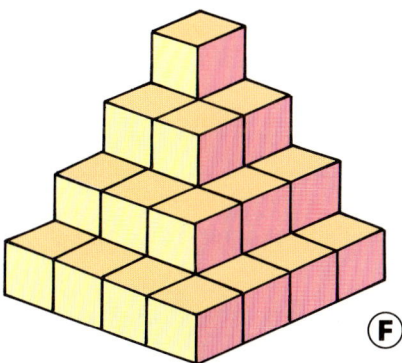

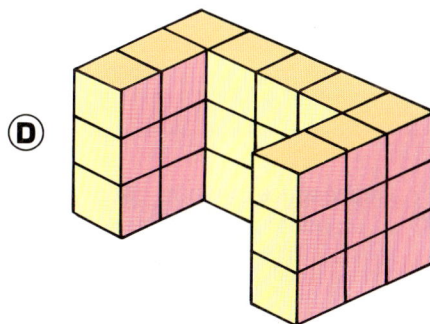

Ⓐ

Ⓑ

Ⓔ

Ⓒ

Ⓓ

Ⓕ

**2** Complète le tableau ci-dessous.

| Assemblage | A | B | C | D | E | F |
|---|---|---|---|---|---|---|
| Nombre de cubes utilisés | | | | | | |

Dis ce que tu constates. _____

_____

**1** **a/** Écris le nombre de cubes de cette collection dans le tableau ci-dessous.

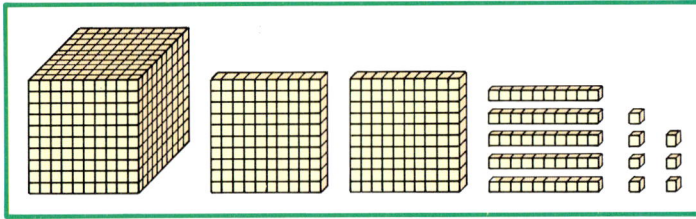

| m | c | d | u |
|---|---|---|---|
|   |   |   |   |

**b/** Écris ce même nombre en toutes lettres :

_____

_____

**c/** Représente-le sur l'abaque ci-contre.

```
m        c        d        u
|        |        |        |
|        |        |        |
|        |        |        |
```

**2** Observe la collection ci-contre.

Écris le nombre total de points :

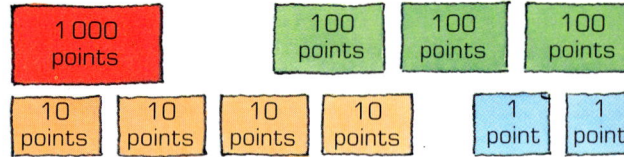

**a/** en utilisant uniquement le signe + :

_____

**b/** en utilisant à la fois les signes × et +.

_____

1 000 points — 100 points — 100 points — 100 points

10 points — 10 points — 10 points — 10 points — 1 point — 1 point

**3** Représente chacun des nombres donnés sur l'abaque. Écris ensuite chacun d'eux en utilisant
**a/** uniquement le signe + et **b/** à la fois les signes × et +.

### 1 460

```
m        c        d        u
|        |        |        |
|        |        |        |
|        |        |        |
```

**a/** _____

**b/** _____

### 1 050

```
m        c        d        u
|        |        |        |
|        |        |        |
|        |        |        |
```

**a/** _____

**b/** _____

Complète les tableaux (regarde les exemples).

| |
|---|
| 1 000 + 400 + 30 + 2 =     1 432 |
| 1 000 + 800           = _____ |
| 1 000 + 500 +  8      = _____ |
| 1 000 +  90 +  4      = _____ |
| 1 000 +    7          = _____ |

| |
|---|
| 1 235 =     1 000 + 200 + 30 + 5 |
| 1 300 = _____ |
| 1 028 = _____ |
| 1 204 = _____ |
| 1 005 = _____ |

Complète le tableau.

| | | |
|---|---|---|
| 1 872 | _____ | _____ |
| _____ | 1 000 + 700 | _____ |
| _____ | _____ | (1 × 1 000) + (5 × 100) + (3 × 10) + 8 |
| 1 096 | _____ | _____ |
| _____ | 1 000 + 900 + 6 | _____ |

Écris *à ta guise* chaque nombre donné sous la forme d'une somme de *plusieurs* nombres.

1 600 = _____          1 000 = _____

1 250 = _____          1 073 = _____

## problème

Voici cinq étiquettes :   | mille |   | cents |   | cinq |   | trente |   | trois |

Écris en lettres et en chiffres *tous* les nombres compris entre mille et deux mille que tu peux former en utilisant chaque fois *trois des cinq* étiquettes données.

_____          _____

_____          _____

_____          _____

_____          _____

**1** Écris le nombre de cubes de chaque collection. Mets le signe qui convient (< ou >).

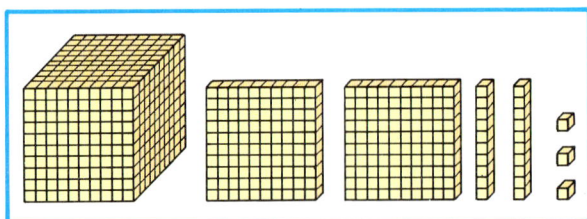

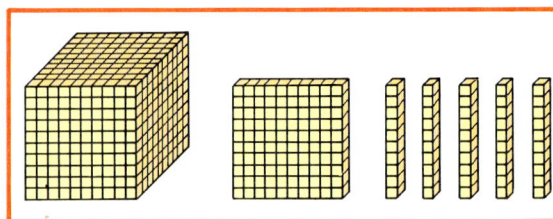

_____  ............  _____

**2** Deux enfants ont joué aux anneaux.
Écris, en utilisant à la fois les signes × et +, le nombre de points marqués par chacun d'eux, pui
mets le signe qui convient (< ou >) entre ces deux nombres.

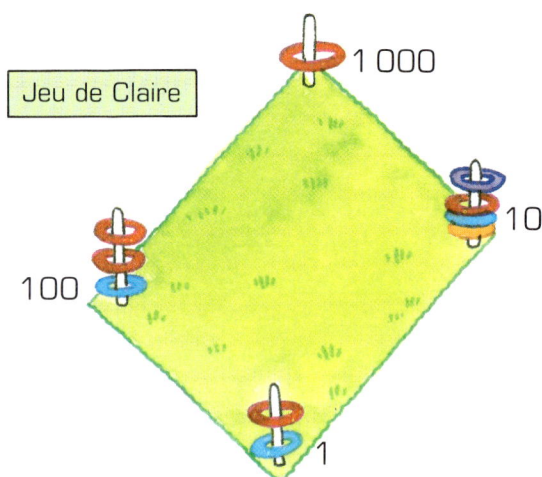

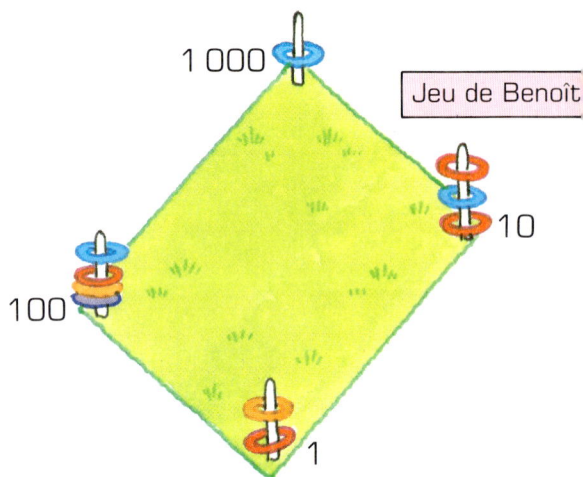

Jeu de Claire

1 000
10
100
1

1 000
Jeu de Benoît
10
100
1

_____  ............  _____

**3** Complète les tableaux.

| Nombre qui vient juste avant | Nombre donné | Nombre qui vient juste après |
|---|---|---|
| | 1 209 | |
| | 1 010 | |
| | 1 709 | |
| | 1 099 | |
| | 1 999 | |

| Nombre terminé par 0 qui vient juste avant | Nombre donné | Nombre terminé par 0 qui vient juste après |
|---|---|---|
| | 1 412 | |
| | 1 789 | |
| | 1 804 | |
| | 1 597 | |
| | 1 909 | |

Voici huit dates de faits historiques :

**1876 :** Bell invente le téléphone.

**1099 :** Les croisés prennent Jérusalem aux Turcs.

**1536 :** Jacques Cartier prend possession du Canada.

**1969 :** Neil Armstrong marche sur la Lune.

**1492 :** Christophe Colomb découvre le Nouveau Monde.

**1843 :** Morse met au point son premier télégraphe.

**1891 :** Michelin invente le pneumatique.

**1944 :** Construction du premier ordinateur.

Range ces dates dans l'ordre chronologique.

CANADA

## exercices

Mets le signe qui convient (< ou >).

**a/**    687 .............. 1 078

   1 608 .............. 1 086

   1 576 .............. 1 567

   1 921 .............. 1 912

   1 967 .............. 1 976

**b/**    $1\,000 + 400 + 50 + 3$ .............. $1\,000 + 400 + 30 + 8$

   $1\,000 + 700 + 80 + 7$ .............. $1\,000 + 800 + 70 + 3$

**c/** $(1 \times 1\,000) + (3 \times 100) + 9$ .............. $(1 \times 1\,000) + (3 \times 10) + 9$

   $(1 \times 1\,000) + (5 \times 10) + 7$ .............. $(1 \times 1\,000) + (7 \times 10) + 5$

   $(1 \times 1\,000) + (6 \times 100) + 4$ .............. $(1 \times 1\,000) + (4 \times 100) + 6$

Trouve un nombre qui convient

**a/** 1 153 < _____

   1 820 > _____

   1 099 < _____

**b/** $1\,000 + 300$ < _____

   $1\,000 + 800$ > _____

   $1\,000 + 590$ < _____

**c/** 1 400 < _____ < 1 410

   1 695 < _____ < 1 700

   1 799 < _____ < 1 801

Observe et continue.

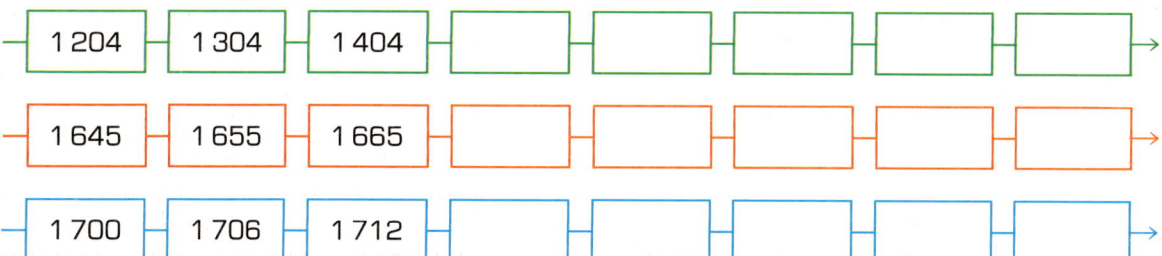

| 1 204 | 1 304 | 1 404 | | | | | |

| 1 645 | 1 655 | 1 665 | | | | | |

| 1 700 | 1 706 | 1 712 | | | | | |

**1** Observe le dessin qui représente les sauts d'une maman lapin et les sauts de son petit.

**a/** Complète le tableau ci-contre.

| Nombre de sauts de maman lapin | Nombre de sauts de son petit |
|:---:|:---:|
| 1 | 3 |
| 2 | 6 |
| 3 | 9 |
| 4 | 12 |
| 5 | 15 |
| 6 | 18 |

**b/** Explique les calculs que tu as faits. _1 × 3   2 × 3   3 × 3_

**2** *Jeu de « l'oie magique »*

*Règle :* — Si le joueur arrive sur une case à numéro pair, il reste sur cette case.

— Si le joueur arrive sur une case à numéro impair, il se rend à la case portant le « double de ce numéro.

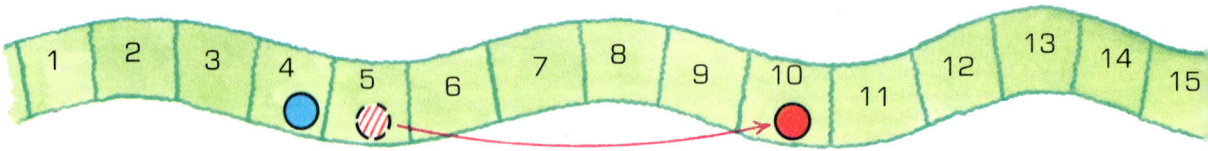

**a/** Complète le tableau (regarde les exemples).

| Je suis à la case n°... | 1 | 2 | 3 | 4 | 5 | 6 | 7 | 8 | 9 | 10 | 11 | 12 | 13 | 14 | a |
|:---|:--:|:--:|:--:|:--:|:--:|:--:|:--:|:--:|:--:|:--:|:--:|:--:|:--:|:--:|:--:|
| Je dois rester ou me rendre à la case n°... | 2 | 2 | 6 | 4 | 10 | 6 | 14 | 8 | 18 | 10 | 22 | 12 | 26 | 14 | b |

Que constates-tu ? _____

**b/** Complète le tableau ci-dessous en ne gardant que la suite des nombres impairs de la liste a

| 1 | 3 | 5 | 7 | 9 | 11 | 13 |
|:--:|:--:|:--:|:--:|:--:|:--:|:--:|
| 17 | 19 | 19 | 21 | 23 | 25 | 27 |

Que constates-tu ? _____

**3** Vérifie, pour chaque tableau, s'il existe une règle permettant de passer de la première colonne à la deuxième colonne. Si oui, complète le ⬭ . Si non, mets une croix.

| × 3 |
| --- |

| | |
| --- | --- |
| 4 | 12 |
| 6 | 18 |
| 5 | 15 |
| 3 | 9 |
| 7 | 21 |

| + |
| --- |

| | |
| --- | --- |
| 3 | 12 |
| 7 | 10 |
| 8 | 16 |
| 5 | 9 |
| 10 | 8 |

| + (barré) |
| --- |

| | |
| --- | --- |
| 3 | 15 |
| 5 | 25 |
| 6 | 30 |
| 7 | 34 |
| 8 | 40 |

---

**4** Deux groupes d'enfants ont échangé leurs boulets contre des agates en respectant toujours la même règle.

**a/** Complète le premier tableau.

| Nombre de boulets | 0 | 1 | 2 | 3 | 4 | 5 | 6 | 7 | 8 |
| --- | --- | --- | --- | --- | --- | --- | --- | --- | --- |
| Nombre d'agates | | 2 | 4 | 6 | 8 | 10 | 12 | 14 | 16 |

Reporte les points sur le quadrillage.
(Regarde l'exemple : point bleu.)

Que constates-tu ?

_____

_____

**b/** Complète le second tableau.

| Nombre de boulets | 0 | 1 | 2 | 3 | 4 | 5 | 6 | 7 | 8 |
| --- | --- | --- | --- | --- | --- | --- | --- | --- | --- |
| Nombre d'agates | | 3 | 6 | 9 | 12 | 15 | 18 | 21 | 24 |

Reporte les points sur le quadrillage.
(Regarde l'exemple : point vert.)

Que constates-tu ?

_____

_____

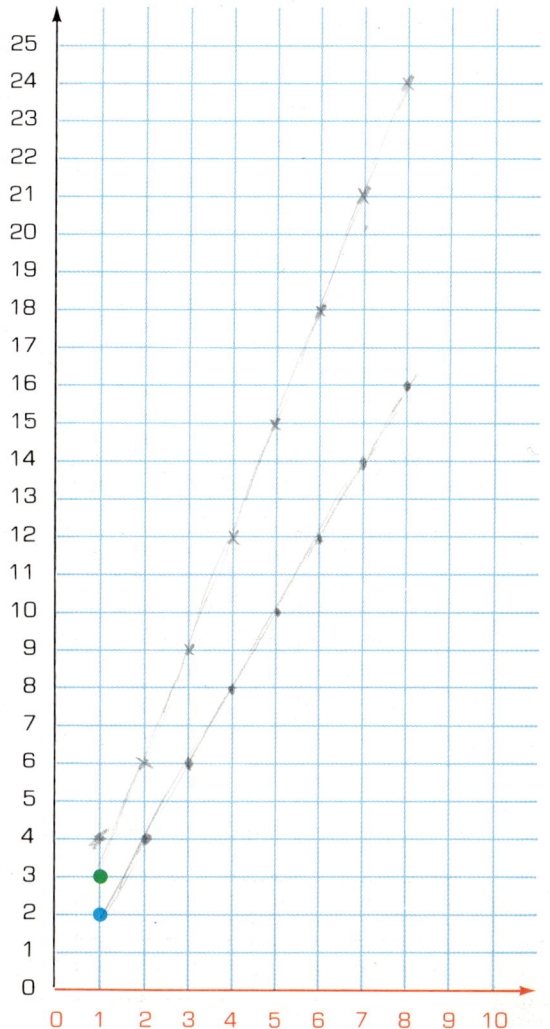

**1** Complète le tableau.

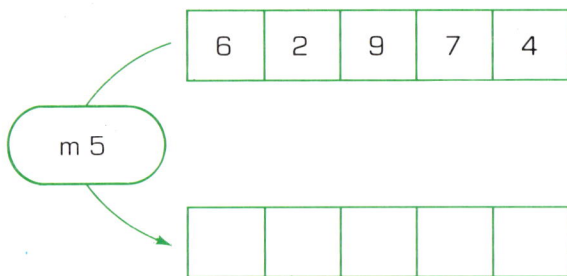

| 6 | 2 | 9 | 7 | 4 |
|---|---|---|---|---|

m 5

| | | | | |
|---|---|---|---|---|

**a/** Range du plus petit au plus grand les nombres de la première ligne. Puis écris sous chacun d'eux le nombre de la deuxième ligne qui lui correspond.

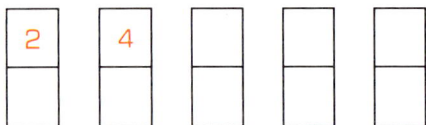

| 2 | 4 | | | |
|---|---|---|---|---|
| | | | | |

**b/** Comment sont rangés ces nombres ?

_____

**2** Complète le tableau.

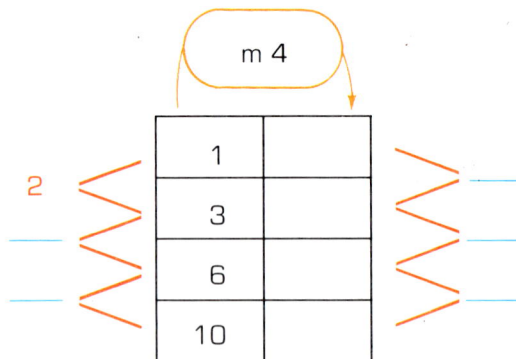

m 4

| 1 | |
|---|---|
| 3 | |
| 6 | |
| 10 | |

2

Écris sur les traits bleus les écarts entre les nombres.

Observe ces deux séries de nombres.

Que constates-tu ?

_____

_____

_____

**3** Un libraire vend habituellement des carnets à 3 francs pièce.

**a/** Complète le tableau.

| Nombre de carnets | 1 | 2 | 3 | 4 | 5 |
|---|---|---|---|---|---|
| Prix en francs | 3 | | | | |

Reporte les points sur le quadrillage. (Regarde l'exemple : point rouge.)

**b/** En fin d'année, il solde ces mêmes carnets aux conditions indiquées dans le tableau ci-dessous.

| Nombre de carnets | 1 | 3 | 6 | 9 | 12 |
|---|---|---|---|---|---|
| Prix en francs | 2 | 5 | 8 | 10 | 11 |

Reporte les points sur le quadrillage. (Regarde l'exemple : point vert.)

Comment sont disposés :

— les points rouges ? _____

— les points verts ? _____

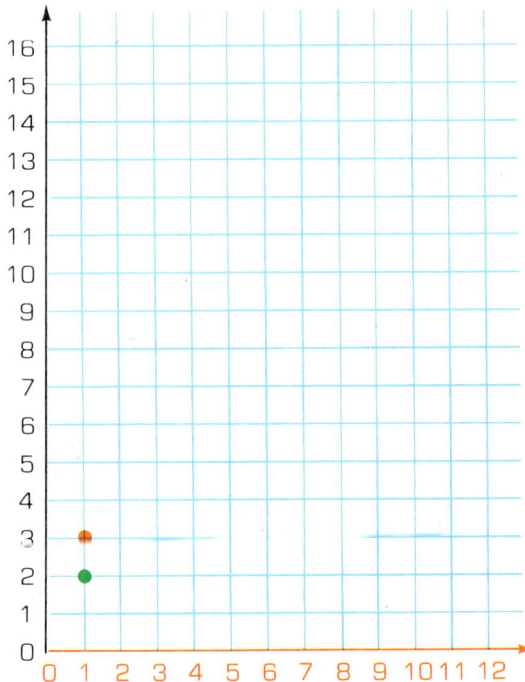

**1**

**a/** Observe le dessin d'un échange de pièces de monnaie qui se pratique couramment.

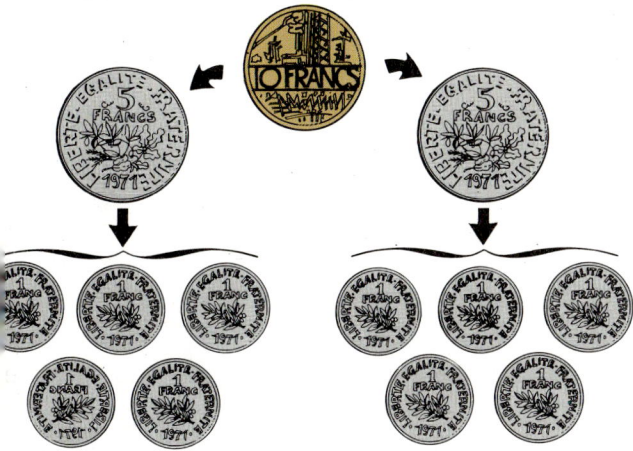

| m _10_ | | |
|---|---|---|
| | m _2_ | m _5_ |
| 2 | 4 | 20 |
| 5 | 10 | 50 |
| 3 | 6 | 30 |
| 7 | 14 | 70 |
| 6 | 12 | 60 |
| Nombre de pièces de 10 F | Nombre de pièces de 5 F | Nombre de pièces de 1 F |

**b/** Complète le tableau ci-contre.

**c/** Combien de pièces de 10 F faut-il pour obtenir :

- 16 pièces de 5 F ? ___8___

- 80 pièces de 1 F ? ___8___

10 9 7 5 2 1 6 8 0 0 3 4 1 0

---

**6** Complète les deux tableaux.

| _ _ _ | | |
|---|---|---|
| m 3 | m 3 | |
| 1 | 3 | 9 |
| 0 | 0 | 0 |
| 2 | 6 | 18 |
| 3 | 9 | 27 |
| 5 | 15 | 45 |
| 4 | 12 | 36 |

| m _20_ | | |
|---|---|---|
| m 2 | m 10 | |
| 1 | 2 | 20 |
| 2 | 4 | 40 |
| 4 | 8 | 80 |
| 6 | 12 | 120 |
| 5 | 10 | 100 |
| 8 | 16 | 160 |

**1** Dans la partie de gauche du tableau, on a indiqué la somme, en francs, que possèdent cinq enfants d'une même famille.

Pour Noël, leur grand-mère donne à chacun d'eux 50 francs.

**a/** Calcule et inscris dans la deuxième colonne du tableau la somme en francs que chaque enfant possède après Noël.

**b/** Combien d'argent la grand-mère a-t-elle donné *en tout* à ses petits-enfants ?

$8 \times 5 \qquad = 250 F$

| | | | |
|---|---|---|---|
| Anne | 532 | | 582 |
| Boris | 257 | | 307 |
| Claire | 146 | | 196 |
| Denis | 368 | | 418 |
| Élise | 472 | | 522 |

*+ 50*

**2** Pour une pièce de 10 francs, un changeur automatique rend *en même temps* : 1 pièce de 5 F, 4 pièces de 1 F, 2 pièces de 1/2 F.

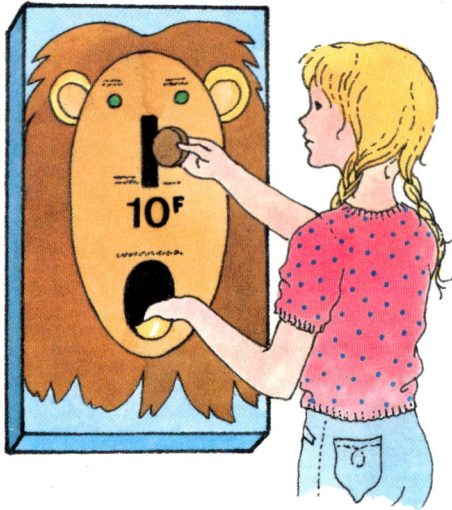

**a/** Complète le tableau (regarde l'exemple).

| Nombre de pièces de 10 F | Nombre de pièces de 5 F | Nombre de pièces de 1 F | Nombre de pièces de 1/2 F |
|---|---|---|---|
| 1 | 1 | 4 | 2 |
| 2 | 2 | 8 | 4 |
| 3 | 3 | 12 | 6 |
| 5 | 5 | 20 | 10 |
| 10 | 10 | 40 | 20 |
| | | | |
| 17 | 20 | 50 | 40 |
| | | | |
| | | | |

**b/** * Au début d'une matinée, le changeur est vide.
On le réapprovisionne en y mettant :

- 20 pièces de 5 F,
- 50 pièces de 1 F,
- 40 pièces de 1/2 F.

Combien de pièces de 10 F pourront-elles être échangées ? (Utilise le bas du tableau.)

**1** Observe le graphique indiquant les différentes masses d'un enfant de sa naissance à l'âge de 12 mois.

**a/** Reporte les indications du graphique dans le tableau.

| Âge en mois | Masse en kg |
|:---:|:---:|
| 1 | 3 |
| 2 | 5 |
| 4 | 6 3 |
| 5 | 7 |
| 7 | 8 |
| 9 | 9 |
| 12 | 10 |

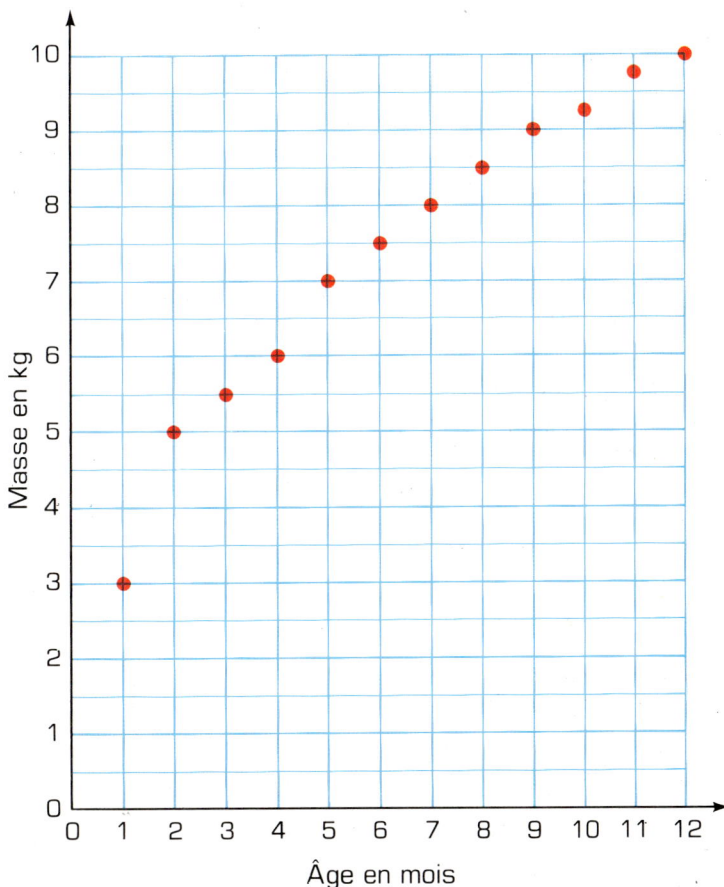

**b/** Que constates-tu :
— sur le graphique ?

_____

— dans le tableau ? _____

_____

**2** Voici la recette d'un gâteau pour 8 personnes. Complète le tableau.

| Ingrédient | Quantité pour 8 personnes | Quantité pour 4 personnes | Quantité pour 20 personnes |
|:---:|:---:|:---:|:---:|
| Farine | 600 g | 300 | 1500 |
| Levure | 20 g | 10 | 50 |
| Œufs | 8 | 4 | 20 |
| Sucre | 80 g | 40 | 200 |
| Beurre | 400 g | 200 | 1000  1kg |

**1** Complète le tableau.

| m 40 | | |
| :---: | :---: | :---: |
| | m 4 | m ___ |
| 5 | | |
| 3 | | |
| 6 | | |
| 9 | | |
| 10 | | |

**2** Complète.

$4 \times 80 =$ _____     $20 \times 9 =$ _____     $240 = 40 \times$ _____

$5 \times 60 =$ _____     $30 \times 8 =$ _____     $560 =$ _____ $\times 8$

$6 \times 70 =$ _____     $90 \times 3 =$ _____     $720 = 90 \times$ _____

$2 \times 90 =$ _____     $60 \times 7 =$ _____     $270 =$ _____ $\times 10$

**3** Voici les manières de calculer le produit $40 \times 30$ proposées par trois élèves :

**c/** Mathieu

Il a simplement écrit :

$$40 \times 30 = 12 \times 100$$

puis :

$$40 \times 30 = 1\,200$$

Pourrais-tu expliquer les calculs qu'il a faits dans sa tête ?

**a/** Alexandre

40 × 30
40 × 3 × 10
120 × 10
1 200
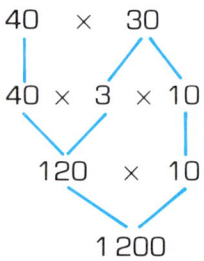

**b/** Brigitte

40 × 30
4 × 10 × 3 × 10
12 × 100
1 200

— Quelle est, pour toi, la manière la plus rapide ? _____

— À ton tour, calcule le plus rapidement possible les produits :

| 30 × 50 | 70 × 20 | 40 × 40 | 40 × 50 |
| :---: | :---: | :---: | :---: |

Complète les deux tableaux.

m 3     m 100     m 500

| 2 |
| 3 |
| 5 |
| 6 |

m —

| 4 |
| 2 |
| 3 |
| 1 |

m 5     m —

---

Complète.

**a/**   $5 \times 100 =$ _____

   $100 \times 3 =$ _____

   $9 \times 100 =$ _____

   $100 \times 4 =$ _____

**b/**   $200 \times 3 =$ _____

   $700 \times 2 =$ _____

   $600 \times 3 =$ _____

   $500 \times 4 =$ _____

**c/**   $300 \times$ _____ $= 900$

   $600 \times$ _____ $= 1\,200$

   _____ $\times 300 = 600$

   _____ $\times 200 = 1\,800$

**d/**   $600 = 6 \times$ _____

   $800 =$ ___ $\times 100$

   $700 = 100 \times$ _____

   $1\,000 =$ ___ $\times$ _____

**e/**   $6 \times 300 =$ _____

   $7 \times 200 =$ _____

   $2 \times 800 =$ _____

   $4 \times 400 =$ _____

**f/**   $800 = 2 \times$ _____

   $1\,500 = 3 \times$ _____

   $1\,400 =$ ___ $\times 200$

   $2\,000 =$ ___ $\times 400$

---

**3**

**a/** Quelle est la valeur, en francs, de cette collection de pièces ?

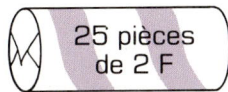

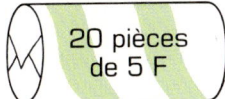

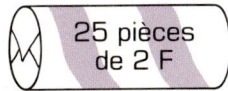

| 20 pièces de 5 F | 25 pièces de 2 F |
| 20 pièces de 5 F | 25 pièces de 2 F |

_____

**b/** Quelle est la valeur en francs :

— de 2 liasses de 10 billets de 100 F ?

_____

— de 10 liasses de 10 billets de 20 F ?

_____

— de 4 liasses de 10 billets de 50 F ?

_____

**1** Écris le nombre de petits losanges rouges sous la forme d'un produit : _____ × _____

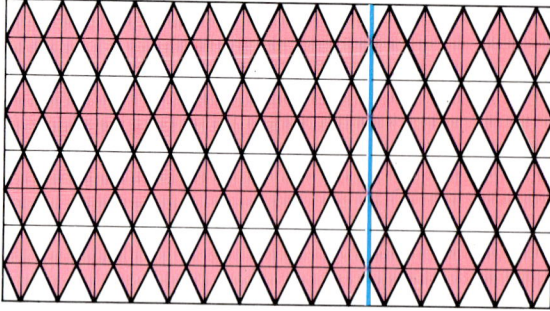

Calcule ce produit à l'aide du tableau et en tenant compte du découpage ci-contre.

**2** Calcule le produit en utilisant le découpage proposé.

14 × 7

18 × 6

27 × 8

14 × 7 = _____

18 × 6 = _____

27 × 8 = _____

**3** Observe l'exemple, puis calcule de même le produit  19 × 5

18 × 4

|   | 10 | 8 |
|---|----|----|
| 4 |    | 4 × 8 = 32 |
|   | 4 × 10 = 40 |  |

```
  1 8
×   4
  3 2
+ 4 0
  7 2
```

19 × 5

```
  1 9
×   5

+
```

**4** Calcule le produit $4 \times 156$ en utilisant le découpage proposé.

| | 100 | 50 | 6 |
|---|---|---|---|
| 4 | _____ | _____ | _____ |

$4 \times 156 =$ _____

**5** Écris et calcule le produit en utilisant le découpage proposé.

| | 5 |
|---|---|
| 100 | |
| 60 | |
| 3 | |

_____ $\times$ _____ $=$ _____

**6** a/ Observe et complète.

| | 200 | 40 | 6 |
|---|---|---|---|
| 3 | _____ | _____ | _____ |

$$\begin{array}{r} 2\ 4\ 6 \\ \times \qquad 3 \\ \hline \text{\_\_\_\_\_} \\ +\ \text{\_\_\_\_\_} \\ +\ \text{\_\_\_\_\_} \\ \hline \text{\_\_\_\_\_} \end{array}$$

b/ Lis ce qui est écrit dans le cadre et complète au fur et à mesure l'opération.

$$\begin{array}{r} 2\ 4\ 6 \\ \times \qquad 3 \\ \hline \text{\_\_\_\_\_} \end{array}$$

3 multiplié par 6 égale 18.
J'écris 8 et je retiens 1.

3 multiplié par 4 égale 12.
12 plus 1 (de retenue) égale 13.
J'écris 3 et je retiens 1.

3 multiplié par 2 égale 6.
6 plus 1 (de retenue) égale 7.
J'écris 7.

## exercices

**1** Calcule.

$$\begin{array}{r} 5\ 8 \\ \times\ \ 7 \\ \hline \end{array} \qquad \begin{array}{r} 9\ 6 \\ \times\ \ 6 \\ \hline \end{array} \qquad \begin{array}{r} 1\ 8\ 5 \\ \times\ \ \ 5 \\ \hline \end{array} \qquad \begin{array}{r} 3\ 2\ 7 \\ \times\ \ \ 4 \\ \hline \end{array} \qquad \begin{array}{r} 2\ 3\ 6 \\ \times\ \ \ 5 \\ \hline \end{array} \qquad \begin{array}{r} 6\ 0\ 5 \\ \times\ \ \ 3 \\ \hline \end{array}$$

**2** Pose et effectue.

| $35 \times 9$ | $48 \times 6$ | $108 \times 9$ | $287 \times 5$ | $245 \times 8$ |
|---|---|---|---|---|

Trace l'axe — ou les axes — de symétrie de chaque figure (si elle en possède...).

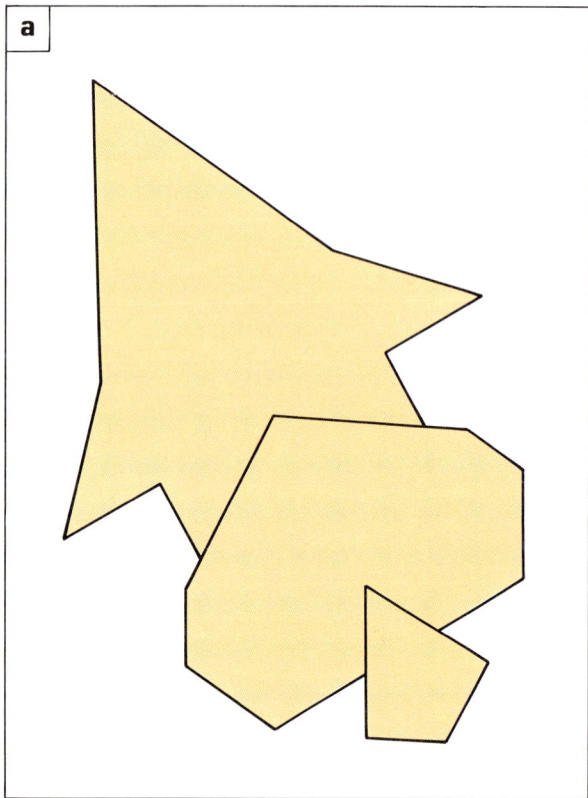

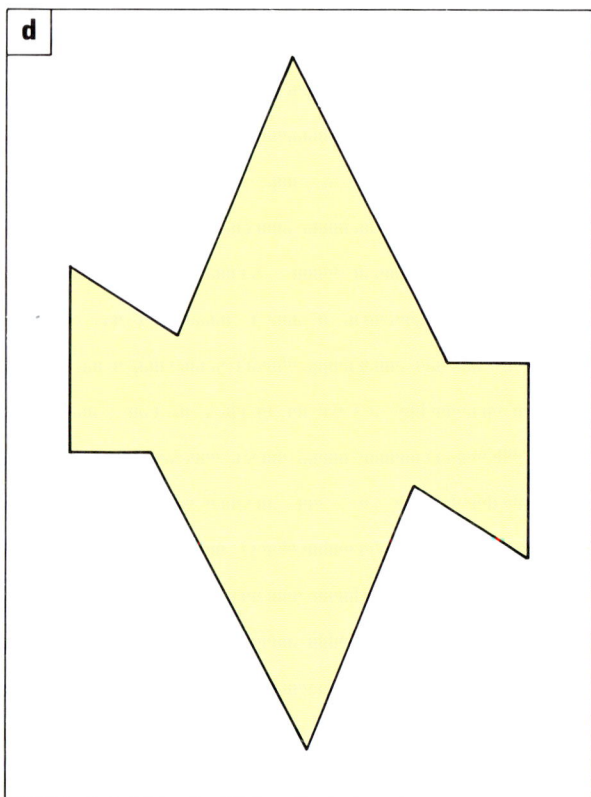

a

b

c

d

Trouve par pliage les axes de symétrie de chacune des figures.

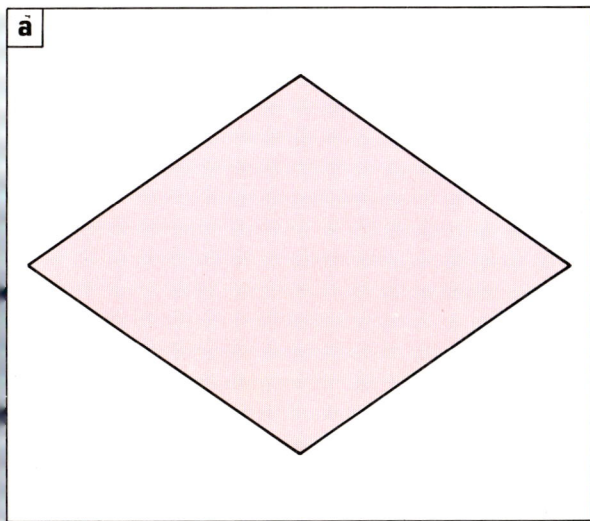

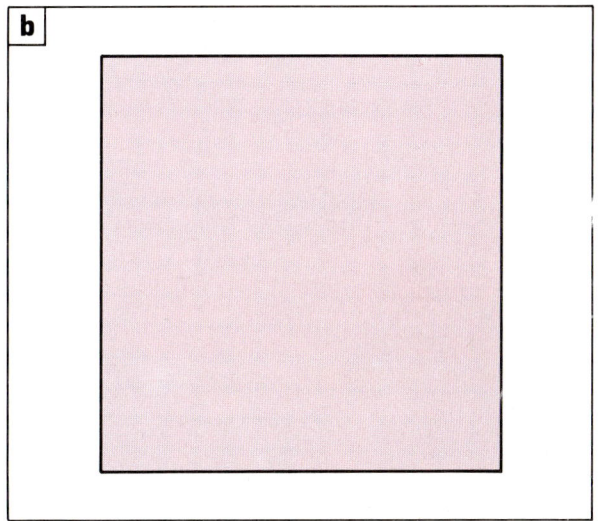

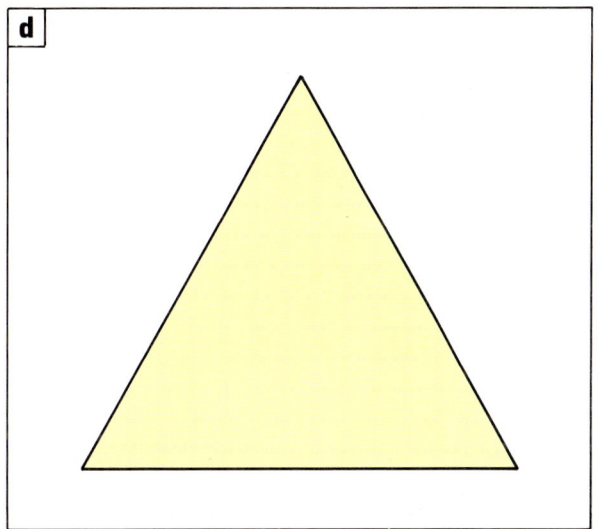

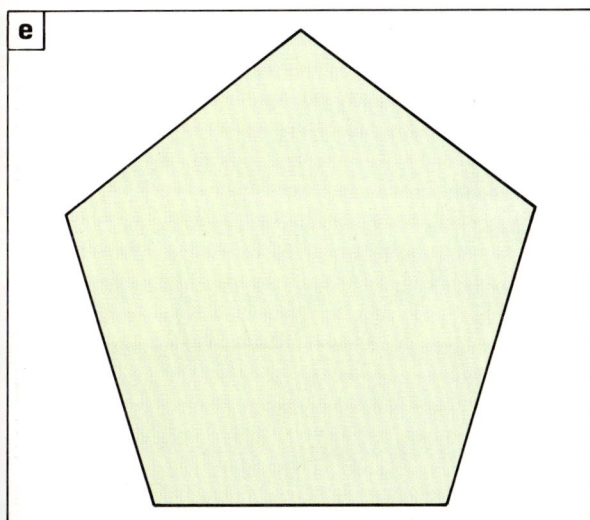

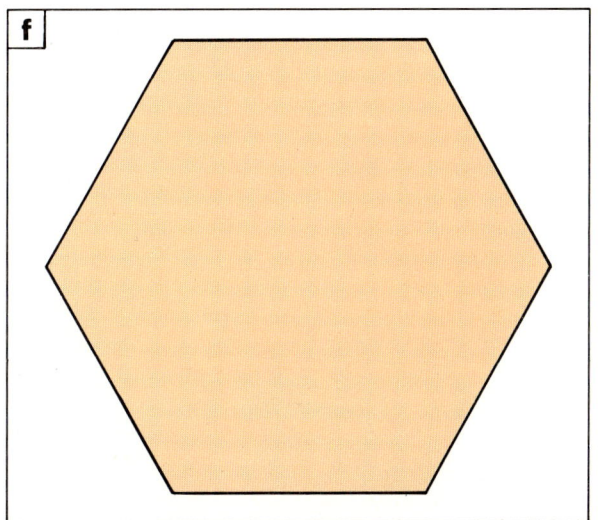

**a**

**b**

**c**

**d**

**e**

**f**

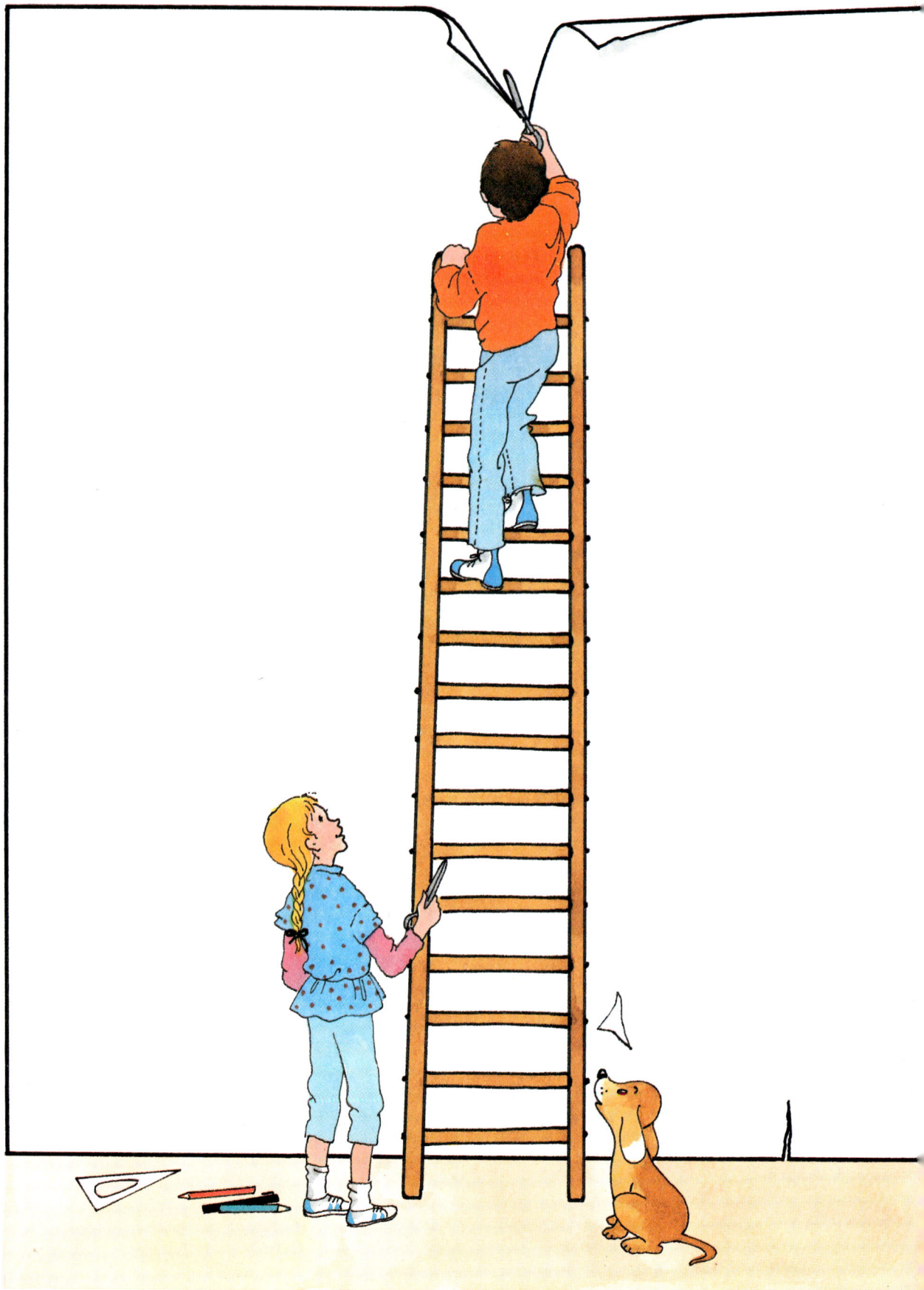

**1** En rentrant du bureau, le père de Joël dit : « Aujourd'hui, j'ai donné 47 coups de téléphone. »

Tous les numéros appelés ayant 8 chiffres, Joël se demande combien de fois son père a appuyé sur les touches du clavier de son appareil...

**2** Mathieu dit : « Moi, je n'ai que des pièces de 5 F dans ma tirelire, et cela me fait 87 pièces. »
Nathalie répond : « Moi, je n'ai que des pièces de 2 F dans la mienne, et cela me fait 218 pièces. ».

Lequel des deux enfants a le plus d'argent ?

**3** Tous les jours, le père de Nicolas achète un paquet de cigarettes valant 9 F. Nicolas lui dit : « Si tu arrêtes de fumer pendant 180 jours, tu pourras m'offrir le vélo-cross à 1 500 F que j'aimerais tant, même si d'ici là il a augmenté de 100 F. »

Vérifie si Nicolas a raison.

**4** Complète les deux factures et les chèques de paiement correspondants. Fais les calculs sur ton cahier.

**1re facture**

| 3 | matelas pneumatiques à 138 F : _____ |
| 9 | parasols à 145 F : _____ |
| | Total : _____ |

**2e facture**

| 5 | maillots « cyclistes » à 118 F : _____ |
| 4 | cuissards « cyclistes » à 89 F : _____ |
| | Total : _____ |

**Chèques postaux**

BPF

A ............... le ...............

PAYEZ

(Somme en toutes lettres)

**Chèques postaux**

BPF

A ............... le ...............

PAYEZ

(Somme en toutes lettres)

**1** **a/** En 1492 , Christophe Colomb découvrait le Nouveau Monde.

En 1969 , le premier homme marchait sur la Lune.

Combien d'années séparent ces deux événements historiques ?

Il faut compléter :

```
   1 4 9 2           1 9 6 9
 + _____    ou  − 1 4 9 2
   1 9 6 9           _____
```

**b/** Observe la manière de faire. Je dis :

| | |
|---|---|
| « Deux plus combien égale neuf ? » | 1 9 6 9 |
| Réponse : sept. | − 1 4 9 2 |
| J'écris 7. | _ _ _ _ 7 |
| « Neuf plus combien égale six ? Cela ne va pas. | 1 9 6 9 |
| Neuf plus combien égale *seize* ? » | − 1 4 9 2 **1** |
| Réponse : sept. J'écris 7 et je retiens 1. | _ _ 7 7 |
| « Un plus quatre égale cinq. | 1 9 6 9 |
| Cinq plus combien égale neuf ? » | − 1 4 9 2 **1** |
| Réponse : quatre. J'écris 4. | _ 4 7 7 |
| « Un plus combien égale un ? » | 1 9 6 9 |
| Réponse : zéro. | − 1 4 9 2 **1** |
| J'écris (ou n'écris pas) 0. | 0 4 7 7 |

**2** Complète.

```
  3 5 1       2 7 4       1 4 5      1 4 6 9      1 5 4 0      1 2 5 0
+ _____     + _____     + _____    + _____      + _____      + _____
  6 7 5       5 8 7       3 7 0      1 8 2 1      1 8 2 0      1 4 0 0
```

```
  3 6 8       4 7 3       7 6 9      1 3 6 5      1 4 9 5      1 2 0 9
+ _____     + _____     + _____    + _____      + _____      + _____
  7 8 0       8 1 6       9 2 5      1 7 8 2      1 8 6 3      2 0 0 0
```

**3** Effectue. ✳

| | | | | | |
|---|---|---|---|---|---|
| 8 7 6 | 6 8 9 | 7 8 2 | 1 6 7 1 | 1 9 4 5 | 1 5 2 3 |
| − 4 3 2 | − 2 4 5 | − 3 6 6 | − 1 3 4 5 | − 1 2 7 3 | − 1 2 8 9 |

| | | | | | |
|---|---|---|---|---|---|
| 7 4 5 | 8 6 3 | 6 2 9 | 1 7 8 9 | 1 8 0 0 | 1 9 2 1 |
| − 5 1 7 | − 3 4 5 | − 2 3 8 | − 1 7 1 5 | − 4 7 5 | − 1 2 1 9 |

**4** Pose et effectue les soustractions *lorsque cela est possible.*

| 1 875 − 942 | 1 786 − 1 825 | 1 800 − 975 | 1 780 − 1 090 |
|---|---|---|---|

*exercices*

Dans un parking, il y a de la place pour 450 voitures.
128 voitures sont déjà garées.

Combien de places reste-t-il ?

**2** Le plus haut sommet des Alpes françaises est le mont Blanc avec 4 807 m d'altitude. Le plus haut sommet des Pyrénées est le Pic d'Aneto, en Espagne, qui culmine à 3 404 mètres.

Quelle est, en mètres, la différence d'altitude entre ces deux sommets ?

Maman va faire des achats avec 500 F dans son porte-monnaie.

**a/** Combien d'argent, en francs, lui manque-t-il pour acheter un manteau valant 1 145 F ?

**b/** Elle achète finalement une robe valant 485 F. Quelle somme, en francs, rapporte-t-elle à la maison ?

**(1)** Effectue les additions

a/

```
    1 2 9 6              8 7 5            1 0 2 4            1 2 5 9
  +   4 5 7          + 8 7 5          +   9 7 6          +   6 4 1
  _____          _____        _____          _____


      8 7 5            1 2 8 6          1 2 4 9            1 0 8 7
  + 5 7 8            +   4 5 7        +   3 7 6          +       9 5
  + 4 7 3            +   1 9 8        +   2 7 5          +   7 6 2
  _____          _____        _____          _____
```

b/ Sur ton cahier, pose et effectue les additions.

| 650 + 76 | 783 + 298 | 1 453 + 76 + 378 | 7 + 456 + 1 394 |

**(2)** Effectue les soustractions.

a/

```
    1 6 2 1        1 2 6 2        1 7 0 0        1 9 0 5        1 6 5 4
  -   8 4 0      -   7 5 8      -   4 3 5      -   7 0 2      -       9 7
  _____      _____      _____      _____      _____


    1 7 5 0        1 3 4 2        1 1 6 7        1 8 2 0        2 0 0 0
  -   3 4 2      -   8 7 6      -       9 2      - 1 2 8 0      -   7 2 5
  _____      _____      _____      _____      _____
```

b/ Sur ton cahier, pose et effectue les soustractions *lorsque cela est possible.*

| 1 875 – 942 | 1 789 – 1 425 | 1 231 – 1 462 | 1 805 – 1 508 | 1 734 – 1 432 |

**(3)** Effectue les multiplications.

```
    1 6 5          2 0 8            6 8          2 4 0            2 7 6
  ×     6        ×     7        ×     8        ×     5        ×       7
  _____        _____        _____        _____        _____
```

**1** Le parcours du cross des benjamins a une longueur de 1 500 mètres.
Au passage d'un de ses élèves, le maître lui dit : « Courage! tu n'as plus que 650 mètres à faire. »

Trouve la distance, en mètres, que cet élève a déjà parcourue.

**2** Un éleveur a expédié dans une usine de pâtes alimentaires 100 boîtes de 12 œufs chacune.
Cette usine utilise 540 œufs le matin et 580 œufs l'après-midi.

Trouve :

— le nombre total d'œufs utilisés ;

— le nombre d'œufs qui restent à la fin de la journée.

**3** * Mathilde a 95 F dans sa tirelire. Si elle s'achète une boîte de feutres, il lui restera 37 F.
Mais pour s'acheter la dînette dont elle a envie, il lui manque 28 F.

Trouve le prix, en francs, de la boîte de feutres et celui de la dînette.

**4** * Observe...

| LA POSTE | LETTRES et PAQUETS-LETTRES Régime intérieur TARIF | | | | | | | |
|---|---|---|---|---|---|---|---|---|
| jusqu'à... | 20 g | 50 g | 100 g | 250 g | 500 g | 1 000 g | 2 000 g | 3 000 g |
| ordinaires | 2,20 F | 3,90 F | 5 F | 10,70 F | 13,40 F | 17,90 F | 24 F | 29,60 F |

Un commerçant expédie par la poste, à des destinataires différents,

— 28 lettres ordinaires pesant chacune 85 g ;

— 7 paquets-lettres pesant chacun 1 780 g.

En te servant du tarif ci-dessus, trouve la somme, en francs, que ce commerçant devra payer pour ces envois. Fais ce problème sur ton cahier.

**1** Prends une feuille de papier.

**a/** Plie-la une première fois *(figure 1)*.

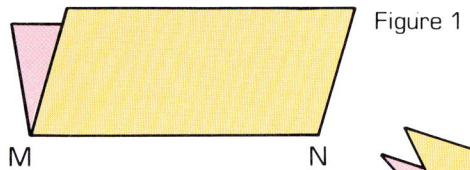

**b/** Replie-la sur elle-même *(figure 2)*.

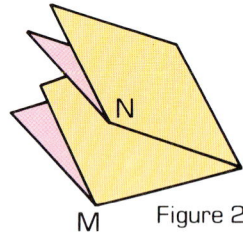

**c/** Ouvre-la.

Que peux-tu dire des deux droites de la *figure 3* ?

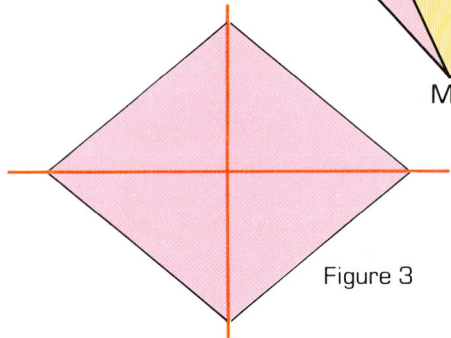

_____

_____

**d/** Indique les angles droits à l'aide du symbole ∟.

Figure 1

Figure 2

Figure 3

**2** **a/** Trace en *noir*, très soigneusement, l'axe de symétrie de la figure.

**b/** Trace :

— en *rouge*, la droite joignant les deux points A et B ;

— en *bleu*, la droite joignant les deux points C et D ;

— en *vert*, la droite joignant les deux points E et F.

**c/** Que peux-tu dire :

— de la droite rouge et de la droite noire ?

_____

— de la droite bleue et de la droite noire ?

_____

— de la droite verte et de la droite noire ?

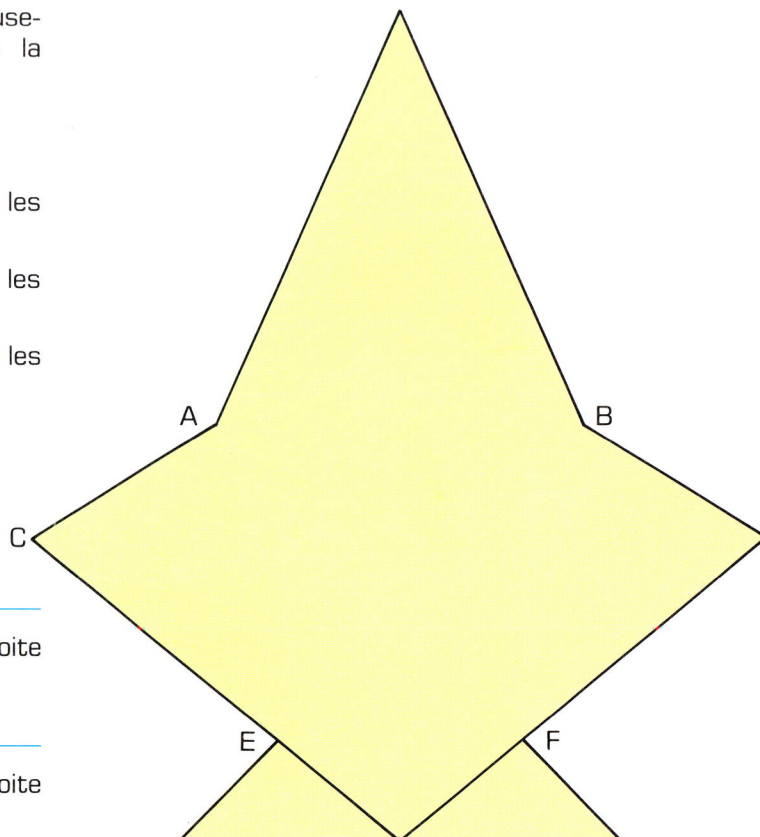

_____

**3**

**a/** À l'aide de ton équerre, trouve tous les angles droits de la figure. Marque chacun d'eux à l'aide du symbole ⌐.

**b/** Trace le segment CJ.

Ce segment est-il perpendiculaire à d'autres segments de la figure ?

_____

**c/*** Trace un segment qui soit perpendiculaire *à la fois* aux segments suivants : BK, CJ, ML, EG.

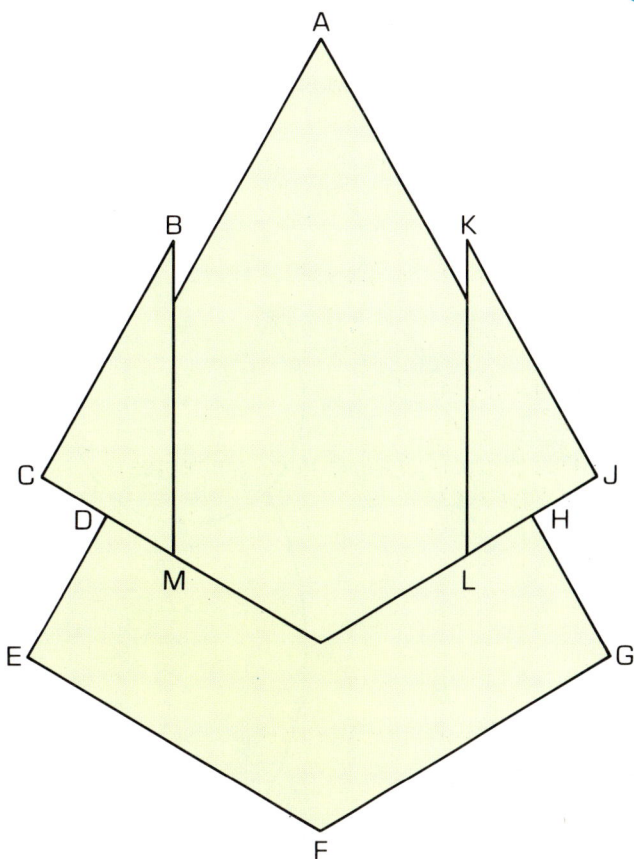

**4**

*/ **a/** À partir du point A, place les points B et C sur le quadrillage en effectuant les déplacements indiqués.
À partir du point C, refais le chemin 1 pour arriver au point D. Trace les segments AB, BC et CD.

Que peux-tu dire des angles de sommets B et C ?

_____

**b/** Indique sur ton cahier les déplacements qu'il faut effectuer sur le quadrillage pour relier :

— le point M au point N ;

— le point N au point P ;

— le point P au point Q.

Compare le tracé ABCD au tracé MNPQ et dis tout ce que tu constates.

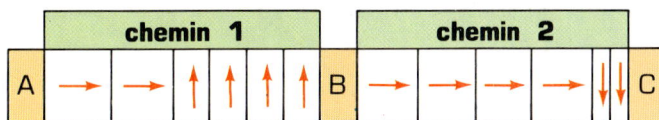

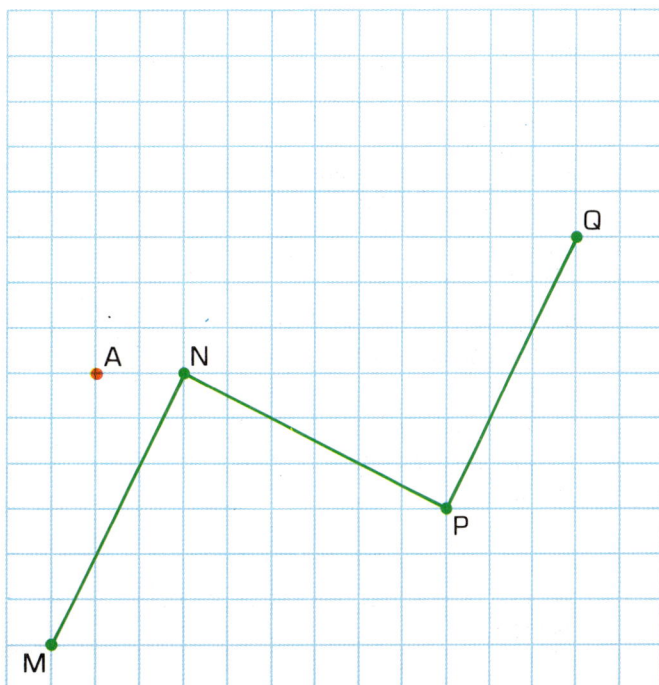

**1** Reproduis la figure ci-dessous sur ton cahier en utilisant ton compas (repère d'abord la position des centres).

Colorie à ta guise.

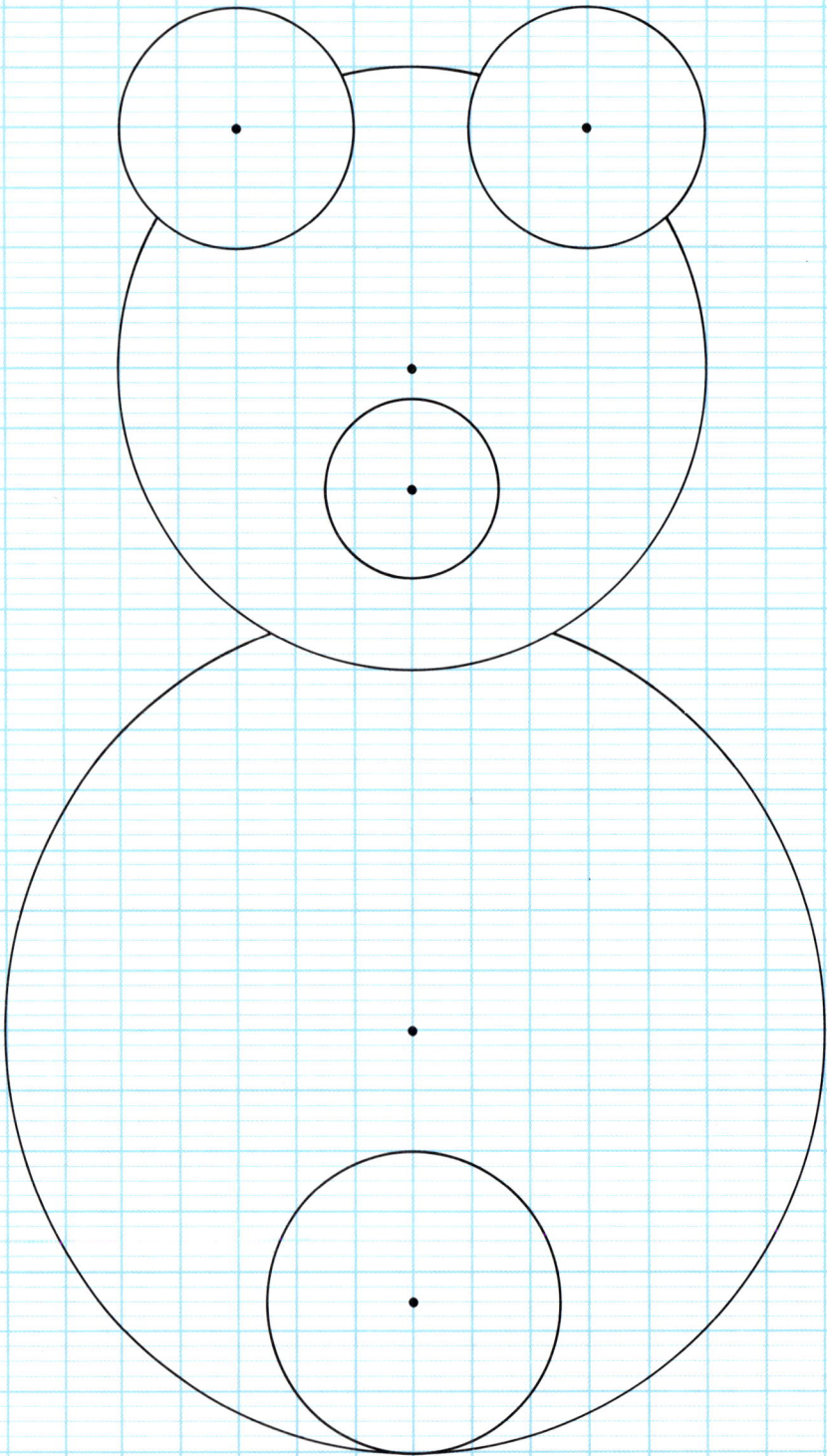

**2** Sur ton cahier, reproduis la figure ci-contre en respectant les couleurs données.

Colorie ensuite :

— en rouge le *disque* de centre I ;

— en vert le *disque* de centre J.

Tu viens de dessiner le Signe du *Tao* qui représente ce que les philosophes chinois appellent le *Yin* et le *Yang*.

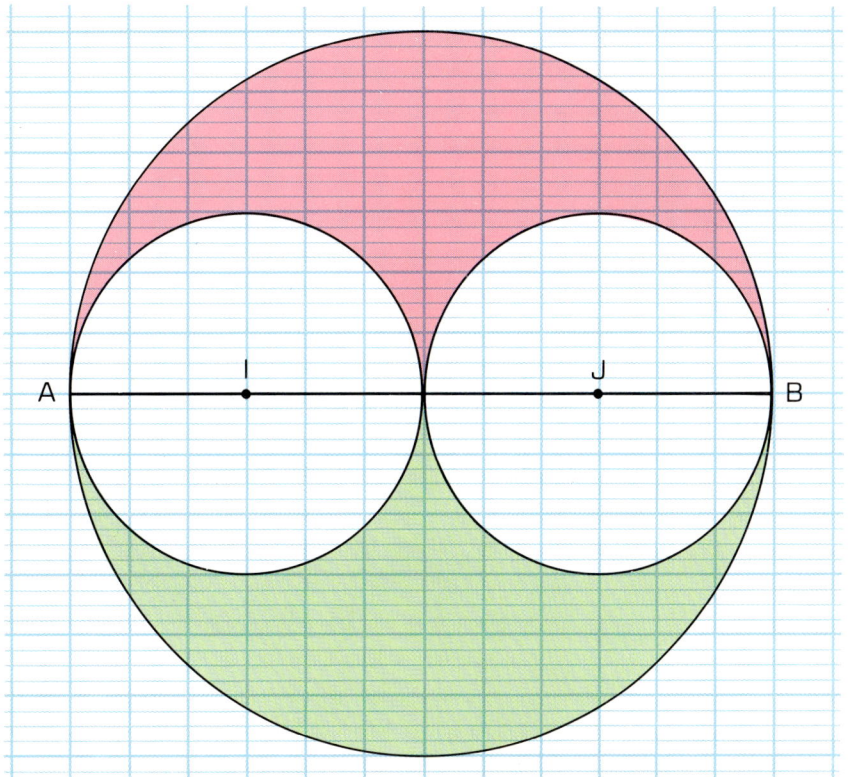

**3** Sur une feuille blanche, reproduis la rosace ci-dessous, puis colorie-la à ta guise.

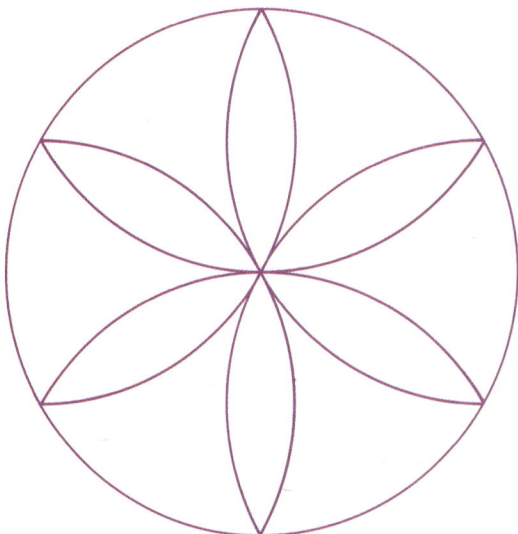

**4** Trace un cercle de diamètre AB = 6 cm. Sur ce cercle, place trois points M, N, P. Relie chacun d'eux aux points A et B.

Que peux-tu dire des angles de sommets M, N, P ?

# Polygones (1)

Observe bien les polygones qui forment l'assemblage ci-dessous et réponds aux questions de la page 93 ci-contre.

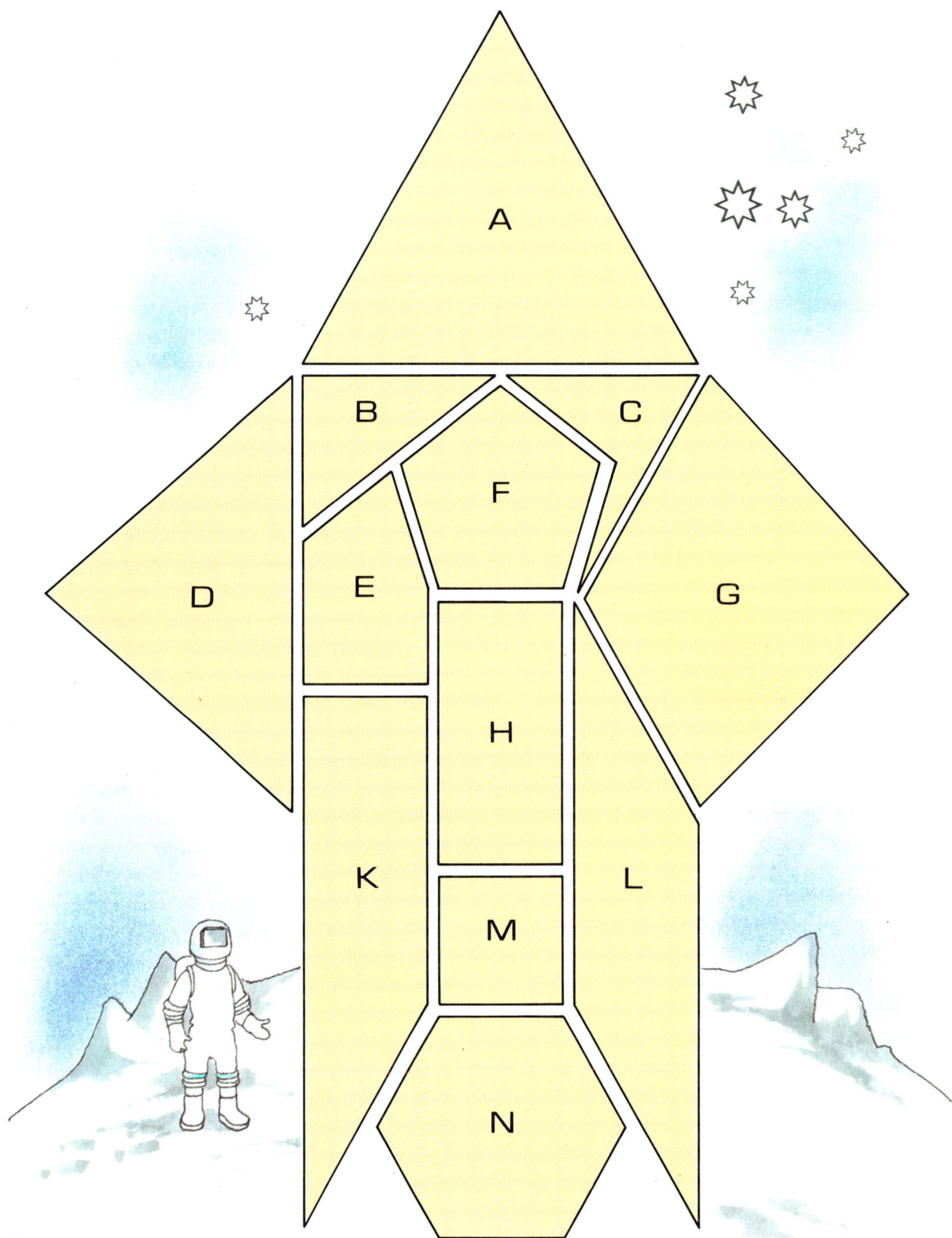

**1** Inscris le nom de chaque polygone de la page 92 dans la case du tableau qui convient.

| Polygone à 3 côtés | Polygone à 4 côtés | Polygone à 5 côtés | Polygone à 6 côtés |
|---|---|---|---|
| | | | |
| | | | |
| | | | |
| | | | |
| | | | |
| | | | |

**2** Mets une croix sous le nom de chaque polygone dont *tous les côtés* ont même longueur.

| A | B | C | D | E | F | G | H | K | L | M | N |
|---|---|---|---|---|---|---|---|---|---|---|---|
| | | | | | | | | | | | |

**3** En te servant de l'équerre, trouve le nombre *d'angles droits* contenus dans chacun des polygones et complète le tableau.

| Nom du polygone | A | B | C | D | E | F | G | H | K | L | M | N |
|---|---|---|---|---|---|---|---|---|---|---|---|---|
| Nombre d'angles droits | ___ | ___ | ___ | ___ | ___ | ___ | ___ | ___ | ___ | ___ | ___ | ___ |

Trouve et trace le (ou les) *axe(s) de symétrie* des polygones dont le nom figure dans le tableau ci-dessous que tu compléteras.
(En cas de difficulté, décalque le polygone et procède par pliage.)

| Nom du polygone | F | M | G | D | A | N | H |
|---|---|---|---|---|---|---|---|
| Nombre d'axes de symétrie | ___ | ___ | ___ | ___ | ___ | ___ | ___ |

**1** Prends ta règle et ton équerre.

**a/** Reproduis le carré à partir des côtés tracés en rouge.

**b/** Reproduis le rectangle à partir des côtés tracés en rouge.

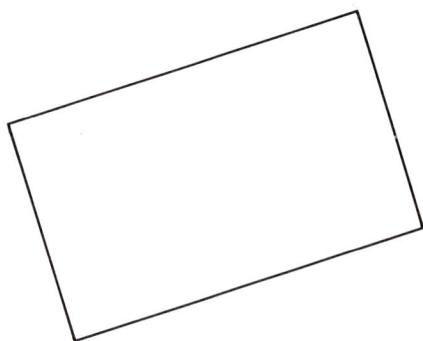

---

**2** * Prends ton compas et ta règle.

Reproduis le triangle ABC à partir du segment BC.

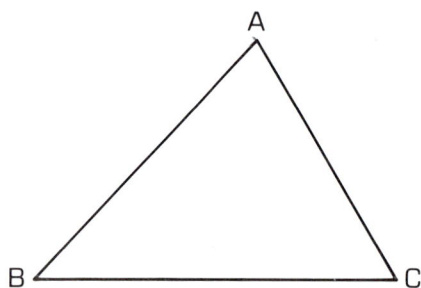

A

B C

B ——————————— C

---

**3** * Prends les instruments qui te sont nécessaires pour construire sur une *feuille blanche* :

**a/** un carré de 5 cm de côté ;

**b/** un rectangle de 6 cm de long et de 4 cm de large ;

**c/** un triangle équilatéral de 7 cm de côté ;

**d/** un hexagone de 4 cm de côté.

**1** Relie deux à deux les nombres dont la somme est égale à 7.

| 0 | 1 | 2 | 3 | 4 | 5 | 6 | 7 |

Calcule les sommes.

$0 + 1 + 2 + 3 + 4 + 5 + 6 + 7 =$   $7 \times$ _____ = _____

$0 + 10 + 20 + 30 + 40 + 50 + 60 + 70 =$ _____ $\times$ _____ = _____

**2** **a/** Réalise à l'aide de carreaux de carton l'assemblage représenté ci-dessous.

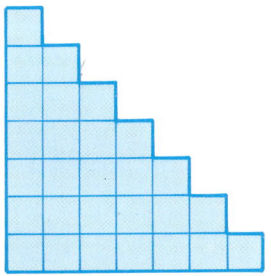

**b/** Écris sous la forme d'une somme le nombre total de carreaux utilisés. Calcule cette somme.

_____

**c/** Dispose maintenant ces carreaux de manière à obtenir un *rectangle.*

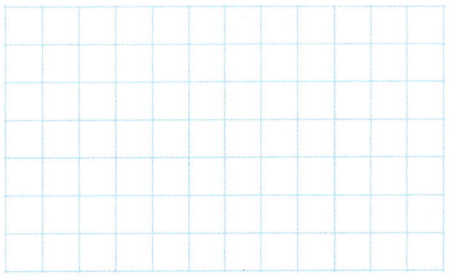

**d/** Écris sous la forme d'un produit qui convient le nombre de carreaux ainsi disposés.

_____

**3** **a/** Réalise à l'aide de carreaux de carton l'assemblage ci-dessous.

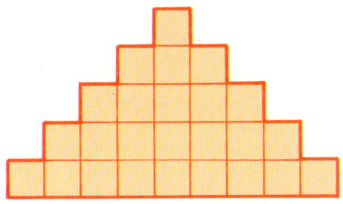

**b/** Écris sous la forme d'une somme le nombre total de carreaux utilisés. Calcule cette somme.

_____

**c/** Dispose maintenant ces carreaux de manière à obtenir un *carré.*

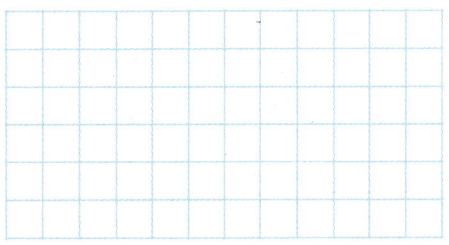

**d/** Écris sous la forme d'un produit qui convient le nombre de carreaux ainsi disposés.

_____

**1** Observe la collection.

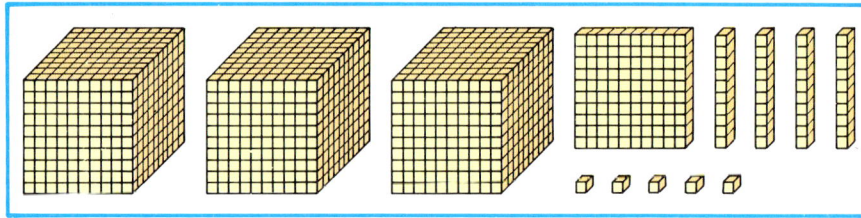

**a/** Écris le nombre de cubes de cette collection :

— dans le tableau ci-contre :

— en toutes lettres :

_____

| m | c | d | u |
|---|---|---|---|
| | | | |

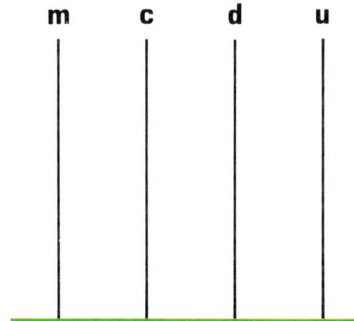

**b/** Représente ce même nombre sur l'abaque.

**2** Observe la collection de points ci-dessous.

Écris le nombre total de points de cette collection :

**a/** en utilisant uniquement le signe + :

_____

**b/** en utilisant à la fois les signes × et +

_____

**3** Représente chacun des nombres donnés sur l'abaque, puis écris ces mêmes nombres :

**a/** en utilisant uniquement le signe + ;

**b/** en utilisant à la fois les signes × et +.

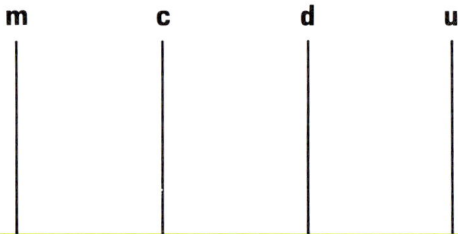

2 340

a/ _____

b/ _____

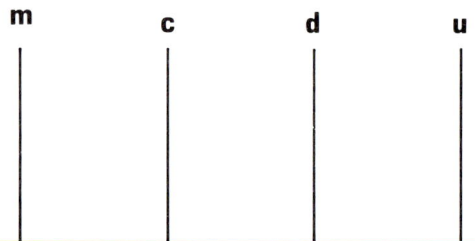

4 503

a/ _____

b/ _____

Complète le tableau.

| | |
|---|---|
| 3 700 | _____ |
| _____ | trois mille six cent vingt-quatre |
| 4 260 | _____ |
| _____ | quatre mille douze |

Parmi les trois écritures chiffrées, colorie celle qui est correcte.

| | | | | |
|---|---|---|---|---|
| **a** | quatre mille vingt et un | 4 201 | 4 021 | 4 102 |
| **b** | mille trois cent quatre-vingt-dix | 1 390 | 1 039 | 1 309 |
| **c** | trois mille deux cent cinquante-sept | 3 275 | 3 572 | 3 257 |
| **d** | deux mille sept cent soixante-dix | 2 770 | 2 077 | 2 707 |

Complète (regarde les exemples).

**a/** $2\,000 + 300 + 40 + 5 =$  2 345

$3\,000 + 800 + 70 + 4 =$ _____

$4\,000 + 90 + 2 \quad =$ _____

$2\,000 + 40 \quad =$ _____

$3\,000 + 2 \quad =$ _____

**b/** $4\,352 =$  4 000 + 300 + 50 + 2

$2\,836 =$ _____

$2\,074 =$ _____

$2\,400 =$ _____

$2\,009 =$ _____

Observe et complète (regarde l'exemple).

| | |
|---|---|
| $(2 \times 1\,000) + (4 \times 100) + (3 \times 10) + 8 =$ | 2 438 |
| _____ | 4 325 |
| $(3 \times 1\,000) + (7 \times 100) + 6 \qquad =$ | _____ |
| _____ | 3 074 |

**1** Écris le nombre de cubes de chaque collection. Mets le signe qui convient (< ou >).

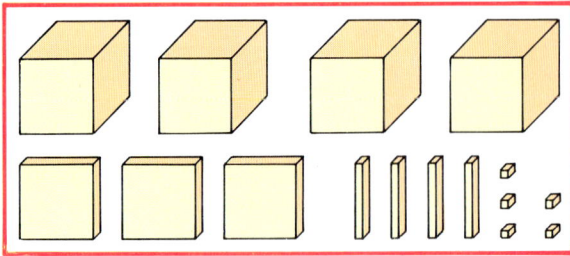

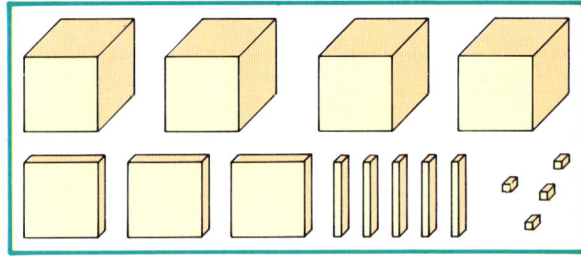

_____   .............   _____

**2** Observe les deux collections de points.

**a/** En utilisant à la fois les signes × et +, écris le nombre de points de chaque collection.

**b/** Essaie de comparer ces deux écritures sans faire les calculs (signe < ou >).

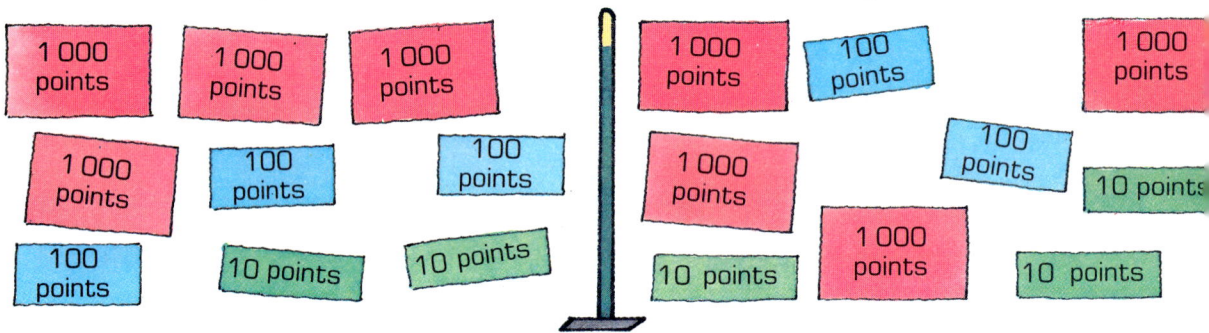

| 1 000 points | 1 000 points | 1 000 points | | 1 000 points | 100 points | | 1 000 points |

_____   .............   _____

**3** Complète les deux tableaux.

**a**

| Nombre qui vient juste avant | Nombre donné | Nombre qui vient juste après |
|---|---|---|
| | 4 709 | |
| | 3 099 | |
| | 2 010 | |
| | 4 789 | |
| | 3 999 | |

**b**

| Nombre terminé par 0 qui vient juste avant | Nombre donné | Nombre terminé par 0 qui vient juste après |
|---|---|---|
| | 3 704 | |
| | 2 497 | |
| | 4 879 | |
| | 4 609 | |
| | 3 001 | |

< = less
> = more

**1)** Mets le signe qui convient (< ou >).

**a/** 2 346 < 2 356

4 641 > 4 541

3 073 > 3 037

4 010 < 4 100

**b/** 4 000 + 800 + 75 > 4 000 + 800 + 57
*4875*    *4857*

2 000 + 90 + 7 > 2 000 + 70 + 9
*2097*    *2079*

3 000 + 60 + 12 > 3 000 + 70 + 1
*3072*    *3071*

4 000 + 200 + 5 > 4 000 + 80 + 17
*4205*    *4097*

 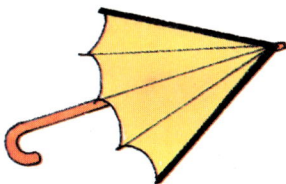 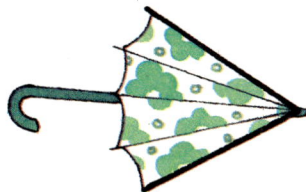

**c/**

(3 × 1 000) + (4 × 100) < (4 × 1 000) + (3 × 100)
*3400*    *4300*

(2 × 1 000) + (4 × 100) + 8 > (2 × 1 000) + (4 × 100) + 5
*2408*    *2405*

(3 × 1 000) + (5 × 10) + 3 < (3 × 1 000) + (5 × 10) + 6
*3053*    *3056*

(4 × 1 000) + (4 × 100) + (2 × 10) + 8 > (4 × 1 000) + (2 × 100) + (4 × 10) + 8
*4428*    *4248*

(2 × 1 000) + (5 × 100) + (8 × 10) + 7 < (2 × 1 000) + (9 × 100) + (9 × 10) + 7
*2587*    *2997*

**2)** Trouve un nombre qui convient.

**a**
*3000*
*3021*
*2500*
*3987*
*4020*

**c/** 3 600 < *3700* < 3 900

2 800 < *3000* < 3 100

3 400 < *3430* < 3 450

4 720 < *4724* < 4 726

3 799 < *3800* < 3 801

**3)**

| 2 904 | 2905 | 2906 | 2907 | 2908 → |

| 3 408 | 3410 | 3412 | 3414 | 3416 → |

| 4 040 | 4050 | 4060 | 4070 | 4080 → |

| 3 400 | 3500 | 3600 | 3700 | 3800 → |

Mesure la longueur des segments donnés, puis reporte les résultats trouvés dans le tableau.

| Segment | Mesure en cm |
|---------|--------------|
| AB | |
| BC | |
| CD | |
| DE | |
| EF | |
| FG | |
| GH | |
| HK | |
| KL | |
| LM | |
| MN | |
| NP | |
| PQ | |
| QA | |

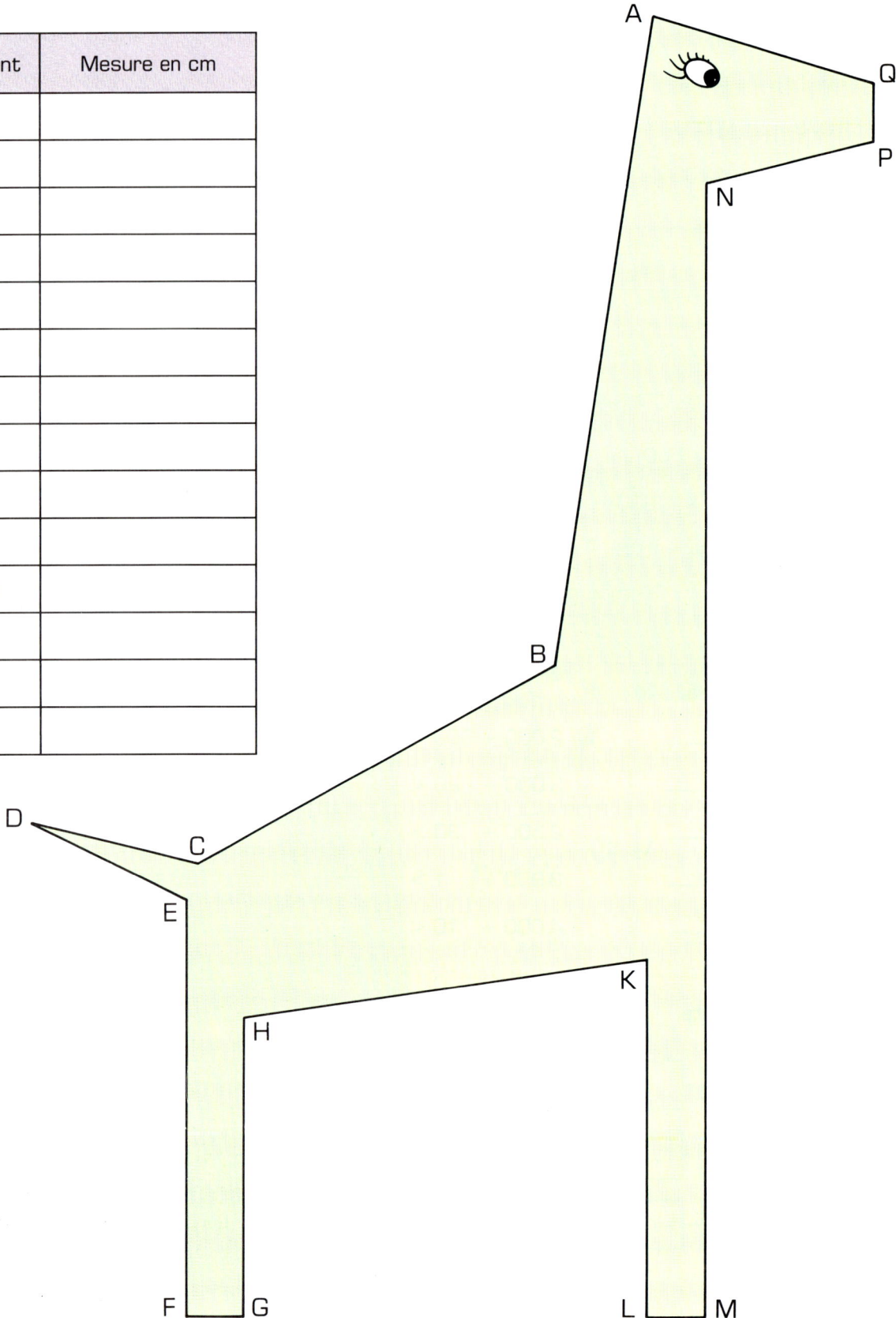

Reporte-toi au tableau de la page de gauche.

**a/** Écris la liste des segments qui ont même mesure que BC : _____

Même question pour CD : _____

Même question pour FG : _____

**b/** Range du plus court au plus long les segments AB, BC, CD, GH, KL, MN, QA et PQ.

_____

**c/** Écris la liste des segments dont la mesure est comprise entre 0 dm et 1 dm.

_____

Y a-t-il des segments dont la mesure soit comprise entre 1 dm et 2 dm ? _____

Construis, sur une grande feuille, les segments dont les mesures sont indiquées dans les tableaux **a** et **b.**

**a**

| Segment | Mesure en cm |
|---------|--------------|
| AB | 13 |
| CD | 17 |
| EF | 21 |
| GH | 24 |
| KL | 26 |

**b**

| Segment | Mesure comprise entre |
|---------|----------------------|
| MN | 1 dm et 2 dm |
| PQ | 2 dm et 3 dm |
| RS | 14 cm et 15 cm |
| TV | 20 cm et 21 cm |
| XZ | 25 cm et 26 cm |

*problème*

Parmi ses jouets, Olivier possède des véhicules dont les dimensions sont indiquées dans le tableau ci-dessous.

| Véhicule | A | B | C | D | E | F | G | H | K |
|----------|---|---|---|---|---|---|---|---|---|
| Largeur en cm | 9 | 11 | 13 | 15 | 10 | 14 | 7 | 6 | 8 |
| Hauteur en cm | 11 | 17 | 12 | 16 | 14 | 10 | 12 | 16 | 13 |

Écris la liste des véhicules qui peuvent passer sous le tunnel (regarde le dessin).

12 cm

15 cm

**1**  **a/**  Mesure la longueur des segments donnés, puis complète le premier tableau.

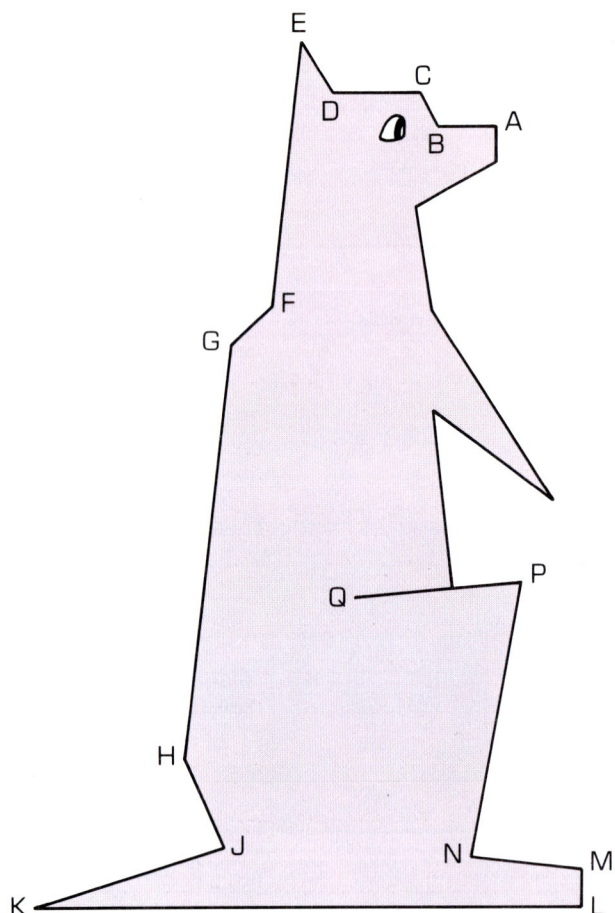

| Segment | Mesure comprise entre |
|---------|-----------------------|
| AB | 0 cm et 1 cm |
| CD | _____ cm et _____ cm |
| EF | _____ cm et _____ cm |
| GH | _____ cm et _____ cm |
| HJ | _____ cm et _____ cm |
| JK | _____ cm et _____ cm |
| KL | _____ cm et _____ cm |
| LM | _____ cm et _____ cm |
| MN | _____ cm et _____ cm |
| PQ | _____ cm et _____ cm |

Colorie d'une même couleur les cases où sont inscrits les mêmes résultats.

**b/**  Complète maintenant le second tableau et dis ce que tu constates.

| Segment | AB | CD | EF | GH | HJ | JK | KL | LM | MN | PQ |
|---------|----|----|----|----|----|----|----|----|----|----|
| Mesure en mm | | | | | | | | | | |

**2**  Mesure la bande représentée ci-dessous.

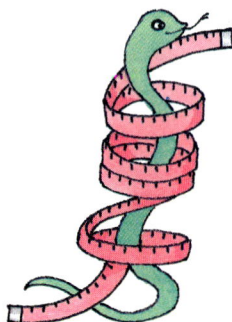

**a/**  Sa longueur est égale à :

_____ dm

_____ cm

_____ mm

**b/**  Complète les égalités

1 m = _____ dm

1 m = _____ cm

1 m = _____ mm

**3** Trace les segments.

| AB | 25 mm |
|----|-------|

| CD | 32 mm |
|----|-------|

| EF | 90 mm |
|----|-------|

| GH | 105 mm |
|----|--------|

**4** Quelle unité (m, cm, mm) choisirais-tu pour mesurer :

- la longueur de la salle de classe ? _____
- l'épaisseur du cahier du jour ? _____
- l'épaisseur d'un morceau de sucre ? _____
- la largeur de ton livre de calcul ? _____

## exercices

**1** Complète.

a/
2 m = _____ dm
18 m = _____ dm
40 dm = _____ m
100 dm = _____ m

b/
3 m = _____ cm
14 m = _____ cm
400 cm = _____ m
1 200 cm = _____ m

c/
2 m = _____ mm
4 m = _____ mm
3 000 mm = _____ m
1 000 mm = _____ m

d/
2 dm = _____ cm = _____ mm
13 dm = _____ cm = _____ mm
25 dm = _____ cm = _____ mm

e/
700 mm = _____ cm = _____ dm
300 mm = _____ cm = _____ dm
1 600 mm = _____ cm = _____ dm

**2** * a/ Range de la plus petite à la plus grande les longueurs suivantes.

| 45 cm | 87 cm | 120 mm | 3 m | 9 dm | 600 mm |
|-------|-------|--------|-----|------|--------|

_____

b/ Range de la plus grande à la plus petite les longueurs suivantes.

| 2 m | 64 cm | 140 mm | 15 dm | 800 mm | 7 dm |
|-----|-------|--------|-------|--------|------|

_____

**1** Observe les trois lignes qui relient le point **A** au point **B**.

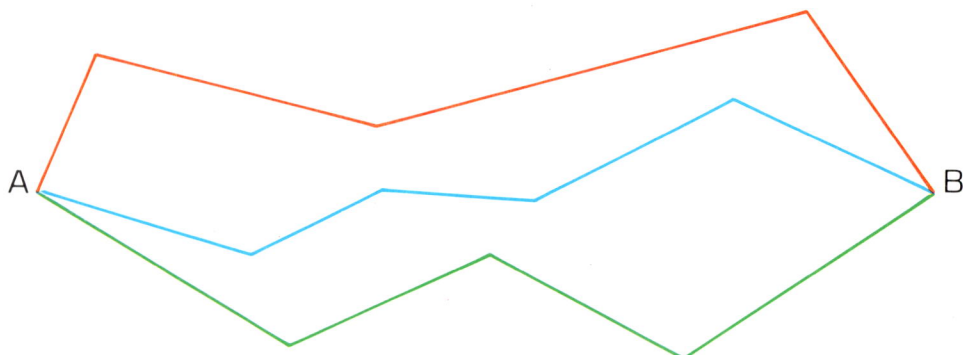

**a/** À l'aide de ton compas, reporte successivement sur une ligne de ton cahier les segments de droite qui constituent la ligne rouge. Désigne par **ab** le segment ainsi obtenu.

**b/** Même travail :
— pour la ligne bleue : tu obtiens le segment **ab** ;
— pour la ligne verte : tu obtiens le segment **ab**.

**c/** Range ces lignes de la plus courte à la plus longue :

_____

**2** Observe le dessin ci-dessous.

**a/** Complète.

Mesure, en cm, de la longueur du segment AB : _____, du segment BC : _____

du segment CD : _____, du segment DE : _____

**b/** Calcule de différentes manières la mesure du segment AE.

_____        _____

_____        _____

Observe ces deux parcours de cross, puis calcule leur longueur.

Parcours ①

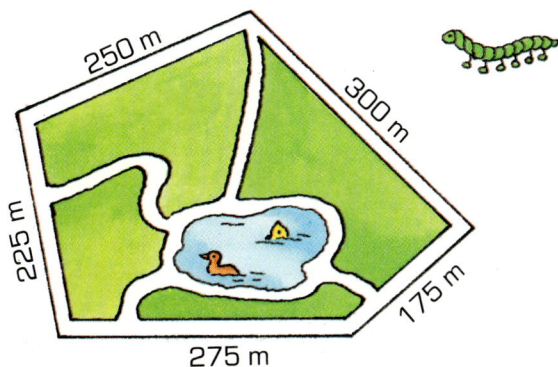

250 m
300 m
225 m
175 m
275 m

Parcours ②

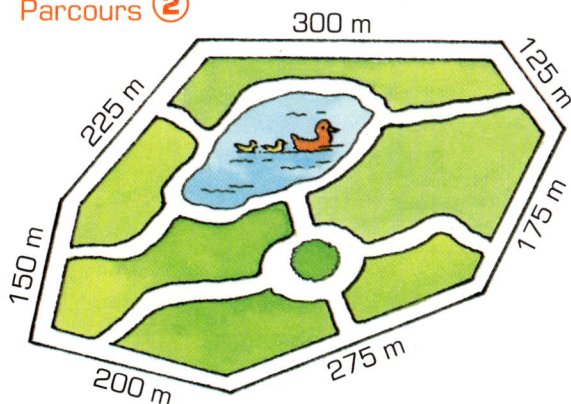

300 m
125 m
225 m
175 m
150 m
275 m
200 m

Longueur, en mètres, du parcours ① :

_____

_____

Longueur, en mètres, du parcours ② :

_____

_____

Vérifie que tous les côtés de chacun des polygones ont même longueur.
Calcule la mesure du périmètre de chacun d'eux.

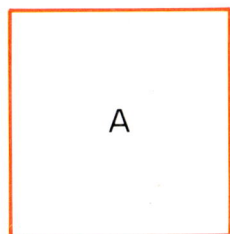

A

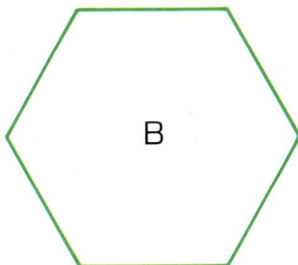

B

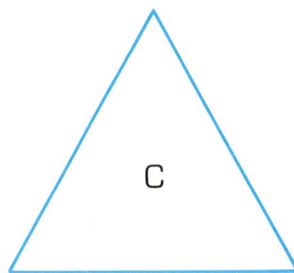

C

_____        _____

Que constates-tu? _____

_____

Complète le tableau.

| Rectangle | Longueur en cm | Largeur en cm | Périmètre en cm |
|-----------|----------------|---------------|-----------------|
| A | 7 | 3 | |
| B | 8 | 7 | |
| C | 15 | 9 | |
| D | 18 | 12 | |

**1** Calcule le produit $\boxed{13 \times 17}$ en utilisant le découpage proposé sur le quadrillage.

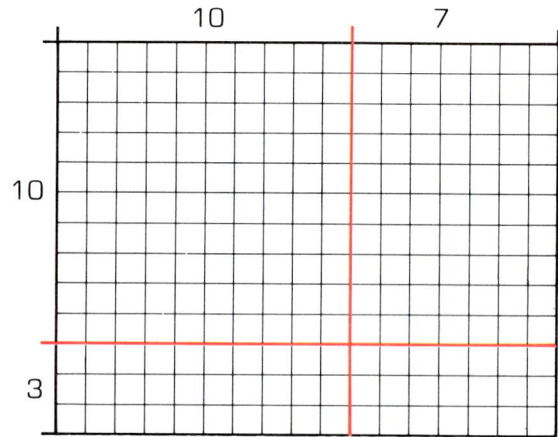

_____

_____

_____

_____

**2** Écris le nombre de carreaux du quadrillage sous la forme d'un produit.
En tenant compte du découpage donné, calcule le produit à l'aide du tableau.

_____ × _____

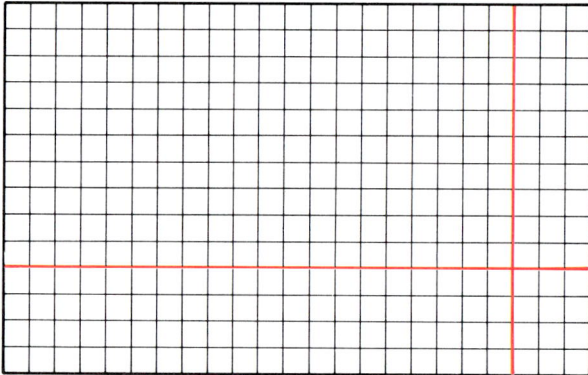

_____

_____

_____

**3** Observe le quadrillage et écris le nombre de carreaux sous la forme d'un produit.
Découpe ce quadrillage en quatre parties.
Calcule le produit à l'aide du tableau ci-dessous.

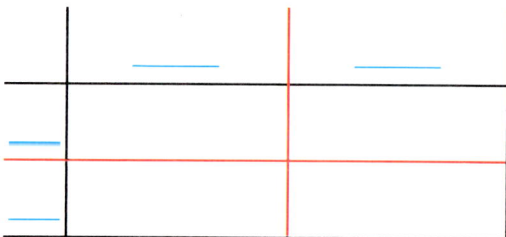

_____ × _____

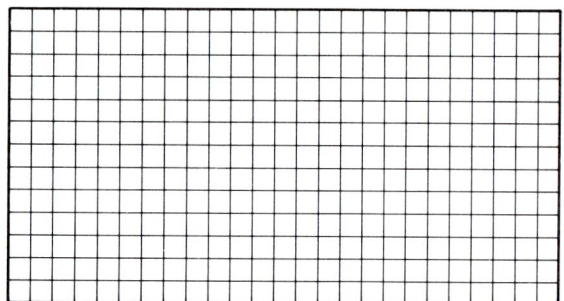

_____

_____

_____

Écris et calcule le produit.

```
_____ × _____
```

|     | 20  | 6   |
| --- | --- | --- |
| 10  |     |     |
| 7   |     |     |

_____
_____

**5** Calcule le produit.

```
36 × 24
```

|     | ____ | ____ |
| --- | ---- | ---- |
| ____ |     |     |
| ____ |     |     |

_____
_____

## exercices

Écris et calcule les produits.

**a/**

```
_____ × _____
```

|     | 40  | 3   |
| --- | --- | --- |
| 20  |     |     |
| 8   |     |     |

_____
_____

**b/**

```
_____ × _____
```

|     | 30  | 6   |
| --- | --- | --- |
| 50  |     |     |
| 4   |     |     |

_____
_____

Calcule les produits.

**a/**

```
25 × 68
```

|     | ____ | ____ |
| --- | ---- | ---- |
| ____ |     |     |
| ____ |     |     |

_____

**b/**

```
43 × 43
```

|     | ____ | ____ |
| --- | ---- | ---- |
| ____ |     |     |
| ____ |     |     |

_____

# Multiplication . Technique opératoire (3)

**1** Écris et calcule les produits.

**a/** ___ × ___

| | 100 | 20 | 6 |
|---|---|---|---|
| 30 | | | |
| 4 | | | |

**b/** ___ × ___

| | 40 | 3 |
|---|---|---|
| 100 | | |
| 5 | | |

**2** Calcule les produits.

**a/** 126 × 35

| | ___ | ___ |
|---|---|---|
| ___ | | |
| ___ | | |
| ___ | | |

**b/** 208 × 24

| | ___ | ___ |
|---|---|---|
| ___ | | |
| ___ | | |

**3** * Fais des découpages qui te permettent de calculer les produits.

**a/** 125 × 14

**b/** 203 × 23

**1** Le jeu de *Scrabble* se joue sur une grille comportant 15 rangées de 15 cases chacune.

Trouve le nombre de cases que comporte une telle grille.

**2** Un chauffeur d'autocar assure tous les jours la liaison Strasbourg-Mulhouse, aller et retour, soit 235 km dans la journée.
Il ne travaille ni le samedi ni le dimanche.

Peux-tu trouver le nombre de km que ce chauffeur parcourt chaque semaine ?

**3** Le papa de Véronique achète une encyclopédie qu'il s'engage à payer en 18 versements de 245 francs chacun.

Trouve le prix, en francs, de cette encyclopédie.

**4** La piste cendrée qui entoure un terrain de sport mesure 365 mètres.
Un coureur dit : « Aujourd'hui, je veux faire au moins 5 000 mètres. »

Aura-t-il parcouru cette distance après avoir effectué 13 tours de piste ?

**5** Complète cette facture. (Fais les calculs sur ton cahier).

| Quantité | Désignation | Prix unitaire en F | Prix total en F |
|----------|-------------|--------------------|-----------------| 
| 12 | Anorak | 285 | _____ |
| 12 | Paire de gants de ski | 65 | _____ |
| 12 | Bonnet de laine | 48 | _____ |
| | Prix total à payer | | _____ |

Facture

12 à 285 F

12 à 65 F

12 à 48 F

=

**1** Regarde comment on a calculé le produit $23 \times 34$

| | 30 | 4 |
|---|---|---|
| 3 | 90 | 12 |
| 20 | 600 | 80 |

1 0 2

6 8 0

$$
\begin{array}{r}
3\ \ 4 \\
\times\ (20 + 3) \\
\hline
1\ 0\ 2 \\
+\ 6\ 8\ 0 \\
\hline
7\ 8\ 2
\end{array}
$$

$$
\begin{array}{r}
3\ 4 \\
\times\ \ 2\ 3 \\
\hline
1\ 0\ 2 \\
+\ 6\ 8\ 0 \\
\hline
7\ 8\ 2
\end{array}
$$

---

**2** Observe et complète.

**a/**

| | 20 | 4 |
|---|---|---|
| 8 | | |
| 30 | | |

$$
\begin{array}{r}
2\ 4 \\
\times\ 3\ 8 \\
\hline
\phantom{000} \\
+\ \phantom{000} \\
\hline
\phantom{000}
\end{array}
$$

**b/**

| | 40 | 2 |
|---|---|---|
| 6 | | |
| 30 | | |

$$
\begin{array}{r}
4\ 2 \\
\times\ 3\ 6 \\
\hline
\phantom{000} \\
+\ \phantom{000} \\
\hline
\phantom{000}
\end{array}
$$

---

**3** Utilise les résultats des opérations **a** et **b** pour faire l'opération **c**.

**a**
$$
\begin{array}{r}
3\ 7 \\
\times\ \ \ \ 5 \\
\hline
1\ 8\ 5
\end{array}
$$

**b**
$$
\begin{array}{r}
3\ 7 \\
\times\ \ 4\ 0 \\
\hline
1\ 4\ 8\ 0
\end{array}
$$

**c**
$$
\begin{array}{r}
3\ 7 \\
\times\ \ 4\ 5 \\
\hline
\phantom{000} \\
+\ \phantom{000} \\
\hline
\phantom{000}
\end{array}
$$

**4** Effectue les opérations **d** et **e**, puis utilise les résultats pour calculer le produit : $26 \times 34$ .

**d**
$$
\begin{array}{r}
2\ 6 \\
\times\ \ \ \ 4 \\
\hline
\phantom{000}
\end{array}
$$

**e**
$$
\begin{array}{r}
2\ 6 \\
\times\ \ 3\ 0 \\
\hline
\phantom{000}
\end{array}
$$

**f**
$$
\begin{array}{r}
2\ 6 \\
\times\ \ 3\ 4 \\
\hline
\phantom{000} \\
+\ \phantom{000} \\
\hline
\phantom{000}
\end{array}
$$

**a/** Calcule le produit $48 \times 37$ en utilisant la disposition usuelle.

**48×37**

$$\begin{array}{r} \underline{\phantom{000}} \\ \times \underline{\phantom{000}} \\ \hline \underline{\phantom{000}} \\ + \underline{\phantom{000}} \\ \hline \end{array}$$

**b/** Vérifie en utilisant le tableau ci-dessous.

Effectue les opérations.

$$\begin{array}{r} 2\ 4 \\ \times\ 3\ 6 \\ \hline \end{array}$$
$$\begin{array}{r} 3\ 8 \\ \times\ 4\ 2 \\ \hline \end{array}$$
$$\begin{array}{r} 6\ 9 \\ \times\ 6\ 9 \\ \hline \end{array}$$
$$\begin{array}{r} 7\ 5 \\ \times\ 5\ 8 \\ \hline \end{array}$$
$$\begin{array}{r} 8\ 3 \\ \times\ 5\ 9 \\ \hline \end{array}$$

$$\begin{array}{r} 1\ 3\ 8 \\ \times\ \ \ 1\ 8 \\ \hline \end{array}$$
$$\begin{array}{r} 2\ 4\ 0 \\ \times\ \ \ 1\ 9 \\ \hline \end{array}$$
$$\begin{array}{r} 3\ 0\ 7 \\ \times\ \ \ 1\ 4 \\ \hline \end{array}$$
$$\begin{array}{r} 2\ 6\ 5 \\ \times\ \ \ 1\ 8 \\ \hline \end{array}$$
$$\begin{array}{r} 1\ 8\ 7 \\ \times\ \ \ 2\ 6 \\ \hline \end{array}$$

Pose et effectue.

| $26 \times 34$ | $48 \times 37$ | $65 \times 75$ | $283 \times 17$ | $206 \times 24$ |

# Mesures de masses

**1** Observe le dessin d'une boîte de masses marquées.

Calcule la masse totale, en grammes, des étalons contenus dans la boîte.

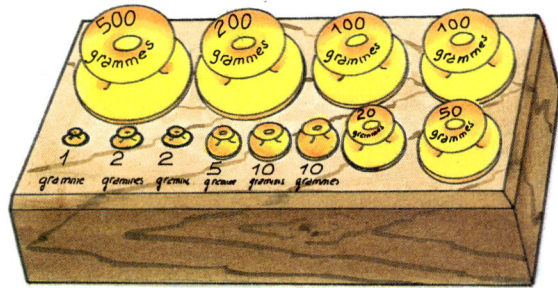

_1000_

_1 kg_

_____

**2** Écris la masse de chacun des deux « objets ».

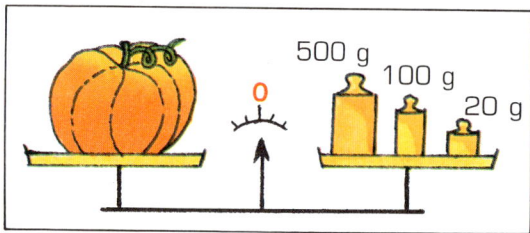 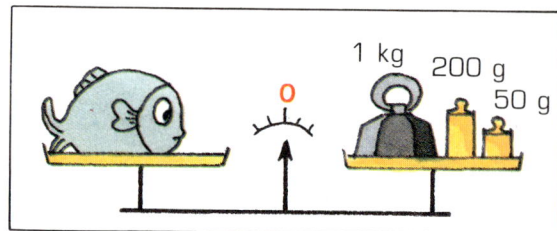

_620 g_        _1 k 250 g_

**3** Observe les deux pesées, puis complète.

La masse du paquet est comprise entre _75_ g et _80_ g.

**4** * Écris la masse de chacun des lots de fruits.

 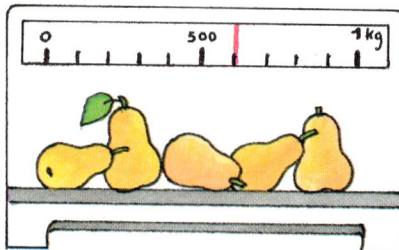 

_300_ g        _600_ g        entre _700_ g et _800_ g

**5** Dans le tableau ci-dessous, on a noté les masses utilisées pour peser les objets **A** et **B**.
Trouve la mesure, en grammes, de la masse de chacun des objets.

| Objet | 500 g | 200 g | 100 g | 50 g | 20 g | 10 g | 5 g | 2 g | 1 g | Masse |
|---|---|---|---|---|---|---|---|---|---|---|
| **A** | 1 | 1 | 2 | 1 | | | | | | 950 |
| **B** | 1 | | 1 | | 1 | 2 | | 2 | | 644 |

**6** Note dans les cases convenables les masses utilisées pour peser les objets **C** et **D**.

| Objet | Masse en g | 500 g | 200 g | 100 g | 50 g | 20 g | 10 g | 5 g | 2 g | 1 g |
|---|---|---|---|---|---|---|---|---|---|---|
| **C** | 780 | / | / | | / | / | / | | | |
| **D** | 862 | / | / | / | / | | / | | / | |

**7** Quelles unités (g ou kg) choisirais-tu pour indiquer la masse :

— d'une tablette de chocolat ? _g_

— d'un enfant de huit ans ? _kg_

— d'un sac de pommes de terre ? _kg_

— d'une baguette de pain ? _g_

**8** Complète.

2 kg = _2000_ g    2 kg 500 g = _2500_ g    2 750 g = _2_ kg _750_ g

3 kg = _3000_ g    1 kg 905 g = _1905_ g    3 275 g = _3_ kg _275_ g

5 000 g = _5_ kg    2 kg 95 g = _2095_ g    4 048 g = _4_ kg _048_ g

4 000 g = _4_ kg    1 kg 50 g = _1050_ g    2 007 g = _2_ kg _007_ g

**9** Range les objets de la masse la plus lourde à la masse la plus légère.

| A | 350 g |   | B | 2 kg |   | C | 45 g |

| D | 1 kg 200 g |   | E | 2 kg 30 g |   | F | 530 g |

2 kg 30 , 2 kg , 1 k 200
530 g    350 g    45 g.

E B D
F A C

# Mesures de masses . Exercices

**1** Observe la double pesée, puis complète.

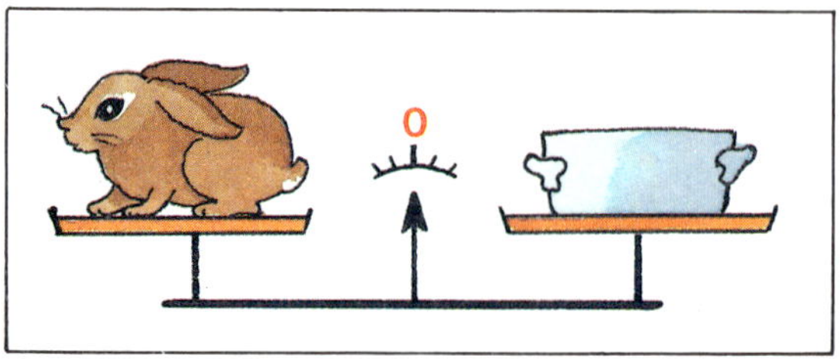


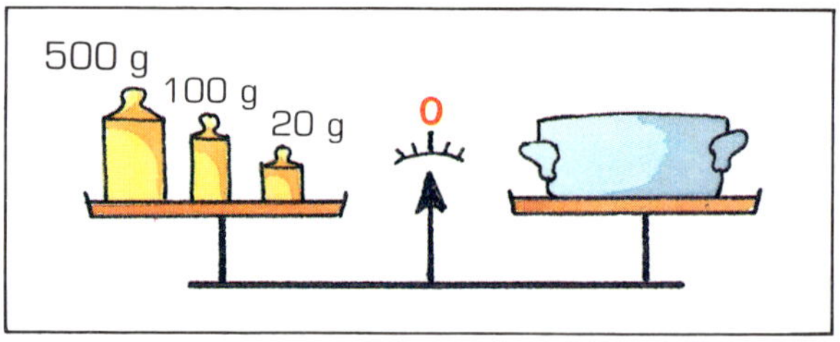


Masse en grammes du lapin : 620 g

**2** Calcule la masse, en grammes, des pommes contenues dans le panier.

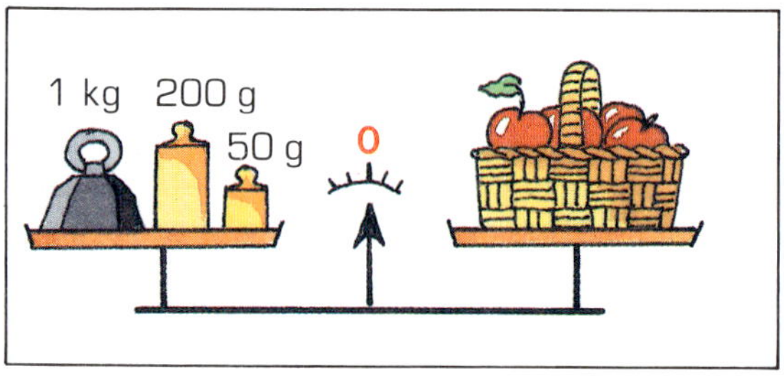


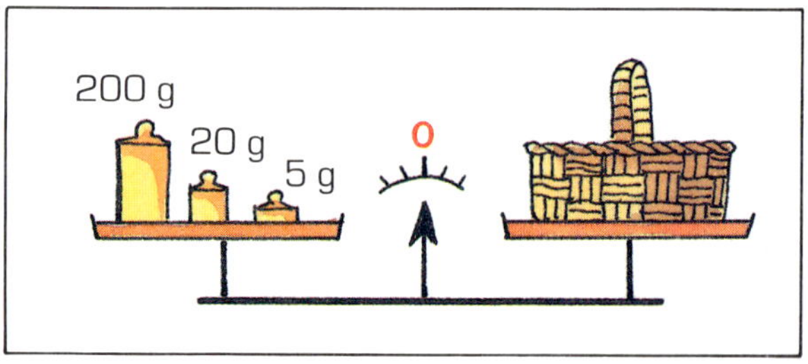


1 kg 250 g

225 g

**3** * Calcule la masse, en grammes, de chacun des animaux ci-dessous.

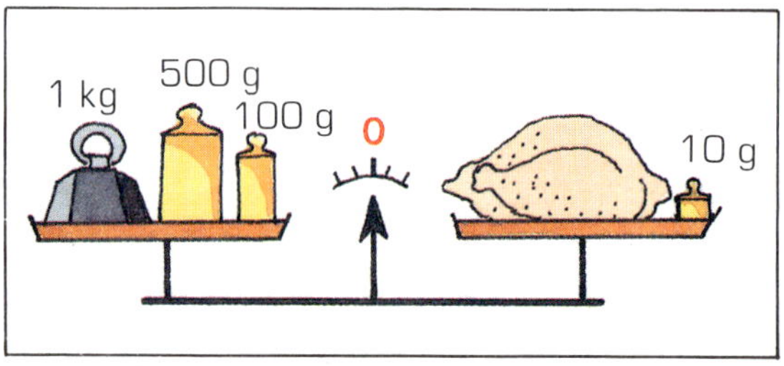


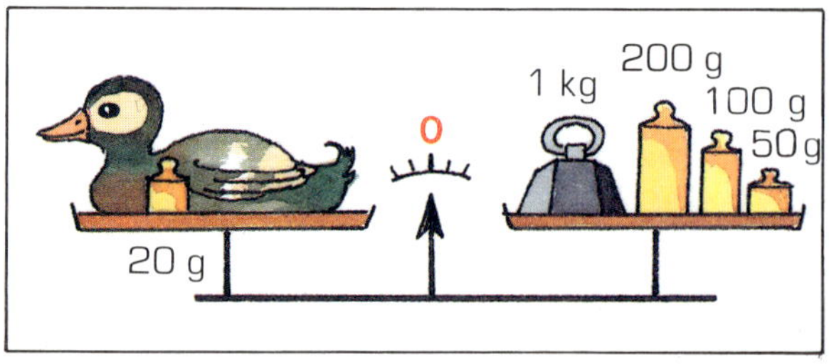


1 kg 590 g

1 k 330 g

**4** * Après avoir pesé un objet, il reste dans la boîte les masses dessinées ci-contre.

Trouve la masse, en grammes, de cet objet.

680 g

500
100
50
20
10
680

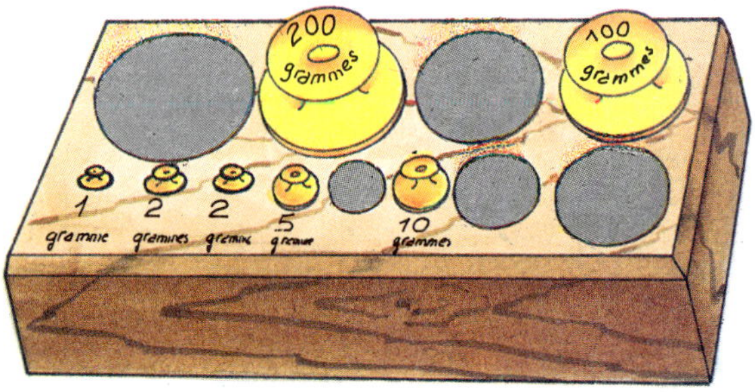

**1** Voici, d'une part, une série de masses :

| 980 kg | | 13 kg | | 250 g | | 98 kg | | 1 kg | | 50 kg |

et, d'autre part, une série d'objets :

| 250 g | 78 kg | 50 kg | 1 kg | 13 kg | 980 kg |

Écris sous chaque objet la masse qui peut lui correspondre.

**2** Magali et Vincent montent ensemble sur la balance du pharmacien.
L'aiguille indique 52 kg.
Vincent descend de la balance, et l'aiguille n'indique plus que 36 kg.

Trouve la masse de chacun des enfants.

$$52 - 36 = 16$$

16 et 36

**3** * Observe...

Anne 18 kg   Marc 30 kg   Éric 32 kg   Julie 25 kg   Bruno 28 kg

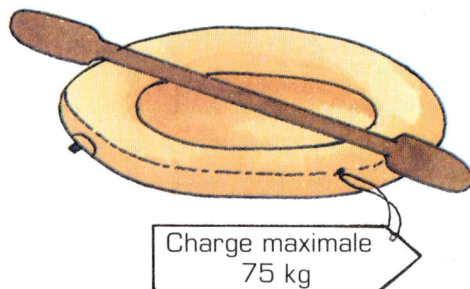

Charge maximale 75 kg

Trouve trois enfants qui peuvent monter *ensemble* dans le bateau pneumatique sans dépasser la charge maximale imposée (il y a trois solutions).

ANNE (18) + MARC (30) + Julie (25) = 73

Anne (18) + Julie (25) + Bruno (28) = 71

Anne (18) + Julie (25) + Eric (32) = 75

**1** Observe la collection.

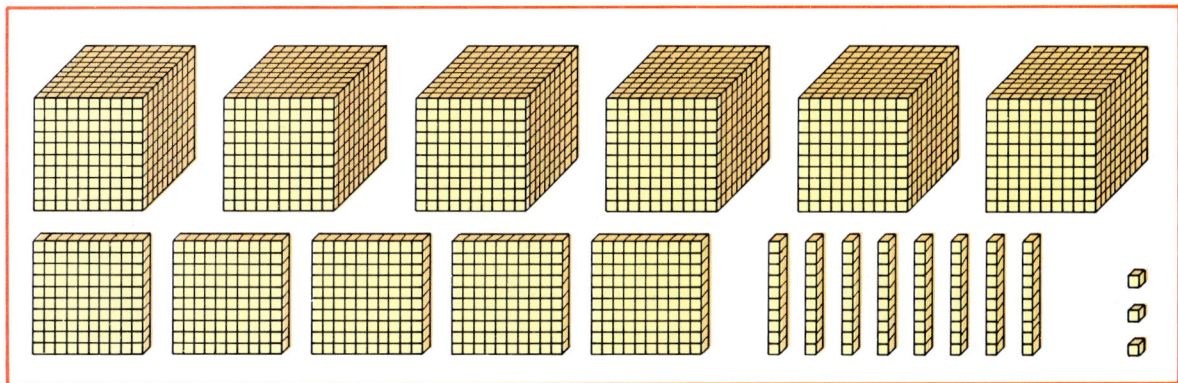

a/ Écris le nombre total de cubes dans le tableau ci-contre :

| m | c | d | u |
|---|---|---|---|
|   |   |   |   |

b/ Écris ce même nombre en toutes lettres : _____

---

**2** Représente chaque nombre donné sur l'abaque, puis écris-le en toutes lettres.

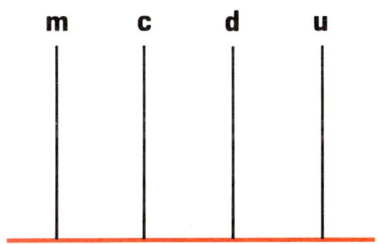

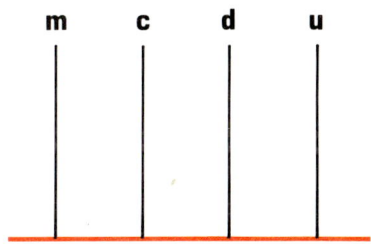

_____

---

**3** Pascal a joué au « billard électronique ». Il a obtenu le résultat affiché ci-dessous :

| 1 000<br>points | 100<br>points | 10<br>points | 1<br>point |
|---|---|---|---|
| 8 | 1 | 5 | 4 |

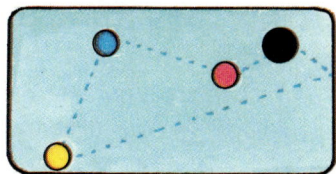

Écris le nombre total de points marqués sous la forme usuelle : _____

Écris ce même nombre en utilisant uniquement le signe + : _____

## exercices

**1** Dans chacun des deux cas, écris le nombre de cubes dans le tableau, puis représente ce même nombre sur l'abaque.

**a**

|  | m | c | d | u |
|---|---|---|---|---|
|  |  |  |  |  |

| m | c | d | u |
|---|---|---|---|

**b**

| m | c | d | u |
|---|---|---|---|
|  |  |  |  |

| m | c | d | u |
|---|---|---|---|

**2** Complète le tableau.

| 3 567 |  |
|---|---|
|  | huit mille neuf cent quatre-vingt-dix-neuf |
| 7 405 |  |
|  | neuf mille soixante-quinze |
| 4 019 |  |

**3** Écris *à ta guise* les nombres suivants sous la forme d'une somme de plusieurs nombres.

| 5 364 |  |
|---|---|
| 7 510 |  |
| 6 092 |  |
| 8 400 |  |
| 9 000 |  |

Voici le résultat obtenu par Sylvain à la fin d'une partie de « billard électronique » :

| 1 000 points | 100 points | 10 points | 1 point |
|:---:|:---:|:---:|:---:|
| 7 | 3 | 4 | 6 |

**a/** Écris le nombre total de points marqués :

— en utilisant uniquement le signe + : $7000 + 300 + 40 + 6 = 7346$

— en utilisant à la fois les signes × et + : $(7 \times 1000) + (3 \times 100) + (4 \times 10)$
$+ (6 \times 1) = 7346$

**b/** Pour avoir droit à une partie gratuite, il faut marquer au moins 10 000 points.
Écris sous la forme de la *différence* qui convient le nombre de points qui lui manquent pour

gagner une partie gratuite. : $10000 - 7346 = 2654$

## exercices

**1** Complète (regarde l'exemple).

| 5 642 | $(5 \times 1\,000) + (6 \times 100) + (4 \times 10) + 2$ |
|:---:|:---|
| 7 329 | $(7 \times 1\,000) + (3 \times 100) + (2 \times 10) + 9$ |
| 4 205 | $(4 \times 1000) + (2 \times 100) + 5$ |
| 8 096 | $(8 \times 1\,000) + (9 \times 10) + 6$ |
| 3 520 | $(3 \times 1000) + (5 \times 100) + (2 \times 10)$ |
| 7 009 | $(7 \times 1\,000) + 9$ |

**2** Complète.

**a**

$3\,000 + 7000 = 10\,000$

$6\,000 + 4000 = 10\,000$

$1000 + 9\,000 = 10\,000$

$7\,500 + 2500 = 10\,000$

$5000 + 5000 = 10\,000$

**b**

$3\,000 + 5\,000 + 2000 = 10\,000$

$4\,000 + 3\,000 + 3000 = 10\,000$

$3\,000 + 1000 + 6\,000 = 10\,000$

$5000 + 2\,500 + 2\,500 = 10\,000$

$1000 + 2000 + 7000 = 10\,000$

Complète.

**a**

$8\,400 - 1\,000 = \underline{7400}$

$7\,840 - 1\,000 = \underline{6840}$

$6\,007 - 1\,000 = \underline{5007}$

$10\,000 - 1\,000 = \underline{9000}$

**b**

$9\,800 - 100 = \underline{9700}$

$4\,150 - 100 = \underline{4050}$

$5\,002 - 100 = \underline{4902}$

$10\,000 - 100 = \underline{9900}$

**c**

$4\,710 - 10 = \underline{4700}$

$5\,400 - 10 = \underline{5390}$

$3\,205 - 10 = \underline{3195}$

$10\,000 - 10 = \underline{9990}$

Dans chacun des cadres, trouve les écritures qui représentent le même nombre.

**A**

| a | $1\,000 + 1\,000 + 300 + 10$ | 2310 |
|---|---|---|
| b | $2\,000 + 100 + 100 + 100$ | 2300 |
| c | $2\,000 + 250 + 50 + 10$ | 2310 |

A ~ C

**C**

| d | $(5 \times 1\,000) + (8 \times 100) + 40$ | 5840 |
|---|---|---|
| e | $3\,000 + 1\,000 + 500 + 400$ | 4900 |
| f | $2\,000 + 2\,000 + (1\,000 - 100)$ | 4900 |

E + F

**B**

| g | $(5\,000 - 500) + 60 + 20$ | 4580 |
|---|---|---|
| h | $4\,000 + 300 + 40 + 40$ | 4380 |
| k | $(4 \times 1\,000) + (5 \times 100) + (8 \times 10)$ | 4580 |

G et K

**D**

| m | $5\,000 + 2\,000 + (100 - 10)$ | 7090 |
|---|---|---|
| n | $7\,000 + 90 + 7$ | 7097 |
| p | $4\,000 + 3\,000 + 80 + 17$ | 7097 |

N et P

## problème

Pour courir un 10 000 mètres, un athlète doit effectuer 25 fois le tour d'une piste de 400 mètres.

Écris sous la forme d'une *différence* que tu calculeras la distance, en mètres, qu'il doit encore parcourir après avoir effectué :

- 10 tours : $10\,000 - 4\,000 = 6\,000$

- 15 tours : $10\,000 - 6\,000 = 4\,000$

- 23 tours : $10\,000 - 9\,200 = 800$

**1** Écris le nombre de cubes de chaque collection. Mets le signe qui convient (< ou >).

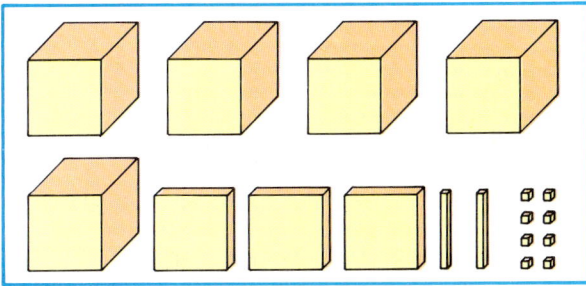

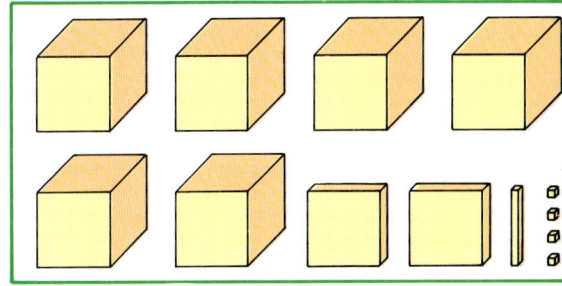

**2** En utilisant à la fois les signes × et +, écris les deux nombres représentés.
Essaie de comparer ces deux écritures sans faire de calculs (signe < ou >).

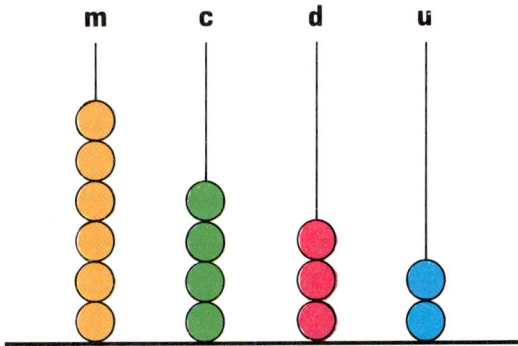

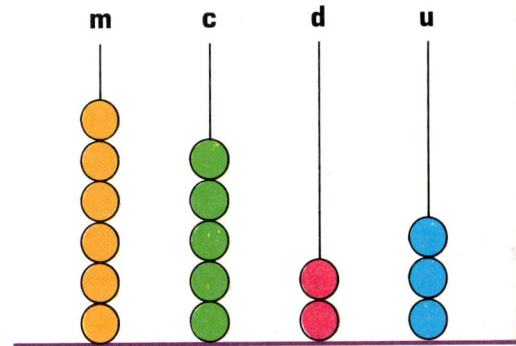

m   c   d   u

m   c   d   u

**3** **a/** Range du *plus petit au plus grand* les nombres suivants :

7 842    8 274    4 824    7 050    9 013    6 794    5 999    8 757    6 001

**b/** Range du *plus grand au plus petit* les nombres suivants :

6 075    9 782    7 001    5 697    8 147    6 998    4 650    9 026    1 789

Mets le signe qui convient (< ou >).

**a**

2 746 .......... 2 756

4 731 .......... 4 713

9 456 .......... 9 654

7 098 .......... 7 101

8 001 .......... 7 999

**b**

5 000 + 100 .......... 4 000 + 800

7 000 +     9 .......... 7 000 + 7

6 000 + 400 +   80 .......... 6 000 + 800 + 40

8 000 +   50 +     2 .......... 8 000 + 500 +   2

9 000 + 800 +   80 +   6 .......... 9 000 + 800 + 70 + 9

**c**

(4 × 1 000) + (5 × 100) .......... (4 × 1 000) + (3 × 100)

(6 × 1 000) + (3 × 100) + 7 .......... (6 × 1 000) + (3 × 100) + 9

(8 × 1 000) + (7 × 10) + 8 .......... (8 × 1 000) + (7 ×   10) + 5

(6 × 1 000) + (4 × 100) + (2 × 10) + 6 .......... (6 × 1 000) + (2 × 100) + (4 × 10) + 6

Trouve un nombre qui convient.

**a**

6 210 > _____

5 096 < _____

9 020 > _____

4 012 < _____

**b**

4 000 + 700 < _____

6 000 +   40 > _____

9 790 +     1 < _____

8 650 +   10 > _____

**c**

7 500 < _____ < 7 800

6 340 < _____ < 6 390

5 846 < _____ < 5 854

8 999 < _____ < 9 001

Écris, en les rangeant du plus petit au plus grand, tous les nombres de quatre chiffres *terminés par zéro* que l'on peut former avec les quatre chiffres

| 2 | 4 | 0 | 7 |

sans utiliser deux fois le même chiffre.

_____

_____

_____

**4** Écris, en les rangeant du plus grand au plus petit, tous les nombres *impairs* compris entre 5 000 et 10 000 que l'on peut former avec les quatre chiffres

| 3 | 5 | 2 | 9 |

sans utiliser deux fois le même chiffre.

_____

_____

_____

**1** Dans chacun des compartiments de ce classeur, les cassettes ont été rangées de un en un.
Trouve les numéros des cassettes qui manquent.

| | |
|---|---|
| F. Cabrel | 4594 |
| P. Perret | 4595 |
| F. Gall | 4596 |
| | |
| J. Mas | 4598 |
| Jacky | 4599 |
| | |
| | |

| | |
|---|---|
| Madonna | 4666 |
| J.J Goldman | 4667 |
| Pierre et le Loup | 4668 |
| | |
| | |
| | |
| Ritamitsouko | 4672 |
| S. Paturel | 4673 |

| | |
|---|---|
| Carlos | 4995 |
| Balavoine | 4996 |
| Lio | 4997 |
| M. Jonas | 4998 |
| | |
| | |
| | |
| J. Halliday | 5002 |

| | |
|---|---|
| Dorothée | 600 |
| Gold | 600 |
| | |
| P. Bruel | 600 |
| | |
| C. Loeb | 600 |
| | |
| P. Bachelet | 601 |

**2** Complète les tableaux.

**a**

| Nombre qui vient juste avant | Nombre donné | Nombre qui vient juste après |
|---|---|---|
| | 4 907 | |
| | 8 030 | |
| | 5 099 | |
| | 7 579 | |
| | 9 999 | |

**b**

| Nombre terminé par 0 qui vient juste avant | Nombre donné | Nombre terminé par 0 qui vient juste après |
|---|---|---|
| | 4 697 | |
| | 5 407 | |
| | 7 469 | |
| | 5 709 | |
| | 9 001 | |

**exercices**

**① Observe et continue.**

4 674 — 4 676 — 4 678 — ☐ — ☐ — ☐ — ☐ — ☐ — ☐ — ☐ →

6 004 — 6 003 — 6 002 — ☐ — ☐ — ☐ — ☐ — ☐ — ☐ — ☐ →

☐ — ☐ — ☐ — 6 770 — 6 780 — 6 790 — ☐ — ☐ — ☐ →

☐ — ☐ — ☐ — 7 850 — 7 900 — 7 950 — ☐ — ☐ — ☐ →

**2** Trouve :

**a/** le plus petit nombre de quatre chiffres

terminé par 5 : _____

**b/** le plus grand nombre de quatre chiffres

terminé par 5 : _____

**c/** le plus grand nombre de quatre chiffres

terminé par un zéro : _____

**d/** le plus grand nombre de quatre chiffres

terminé par deux zéros : _____

**e/** le plus grand nombre de quatre chiffres

terminé par trois zéros : _____

**3** Je pense à un nombre de quatre chiffres.

— Il est compris entre 7 000 et 8 000.
— Il est terminé par deux zéros.
— La somme des chiffres est égale à 12.

Quel est ce nombre ?

_____

**4** Trouve le plus grand et le plus petit des nombres à quatre chiffres que l'on peut former en utilisant :

| 5 | 1 | 3 | 9 |

(sans répéter le même chiffre).

_____

**5** On sait qu'un nombre est compris entre 7 345 et 7 351.
On sait qu'il est *aussi* compris entre 7 349 et 7 360.

Quel est ce nombre ? _____

_____

**6** Observe et continue.

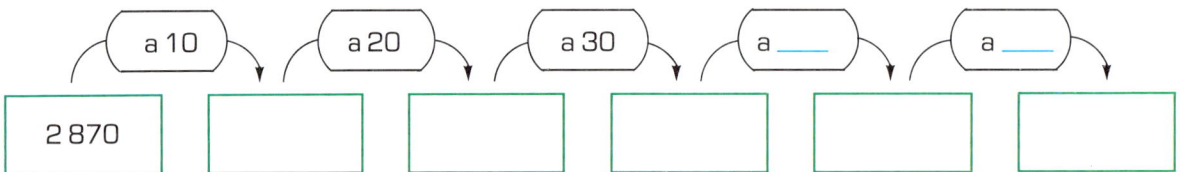

( a 10 )→  ( a 20 )→  ( a 30 )→  ( a ____ )→  ( a ____ )→

| 2 870 | | | | | |

## problème

Complète la grille des « nombres croisés ».

### HORIZONTALEMENT

**a.** Le nombre qui précède 1 100.

**b.** (100 + 1) × 7.

**c.** 89 centaines.

**d.** 9 dizaines. 8 × 12.

(grille A B C D E / a b c d e)

### VERTICALEMENT

**A.** Le nombre qui précède 1 090.

**B.** (60 × 15) + 3.

**C.** 97 dizaines.

**D.** Le nombre qui précède 9 010.

**E.** (9 × 8) − 9.

**1** La « Salle 2000 » du Palais des Congrès de Strasbourg peut contenir 2 000 personnes.

Pour un concert, on a vendu 1 234 billets.

Combien de billets peut-on encore vendre ?

$$2\,0\,0\,0$$
$$-\ 1\,2\,3\,4$$
$$=\ \ \ 7\,6\,6$$

$$2\,0\,6$$
$$+\ 1\,0\,5$$
$$3\,1\,1$$

$$4\,5\,6$$
$$-\ 3\,1\,1$$
$$=\ 1\,4\,5$$

**2**

St-Dizier

Strasbourg

206 km

105 km

?

Paris

Nancy

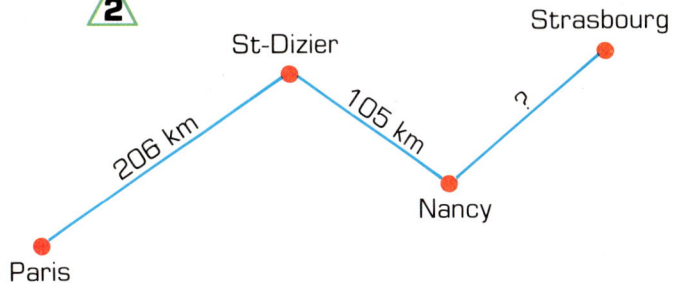

La distance de Paris à Strasbourg est de 456 km.

Trouve la distance, en km, entre Nancy et Strasbourg.

**3** Un épicier a commandé un lot de 45 cartons de 12 bouteilles de jus de fruits.
Il achète la bouteille 4 F et la revend 5 F.

Calcule le bénéfice qu'il retirera de la vente de ce lot de bouteilles.

$$4\,5 \qquad 5$$
$$\times\ 1\,2 \qquad -\ 4$$
$$5\,4\,0 \qquad \times\ 1$$
$$=\ 5\,4\,0\ F$$

$$4\,8 \qquad 3\,9 \qquad 8\,6\,4$$
$$\times\ 8 \qquad \times\ 7 \qquad +\ 2\,7\,3$$
$$1\,4\,4 \qquad 2\,7\,3$$
$$=$$
$$8\,6\,4\ F \qquad 1\,1\,3\,7\ F$$

**4** Pour remettre à neuf les pièces de l'appartement, papa achète 18 rouleaux de papier peint à 48 F le rouleau et 7 boîtes de peinture à 39 F la boîte.

Combien a-t-il dépensé pour ces achats ?

**5** Pour fêter son 75$^e$ anniversaire, une grand-mère a invité toute sa famille à déjeuner au restaurant.
Il y avait en tout 27 personnes.

Le prix d'un repas s'est élevé à 85 F, boissons comprises.

Pour le service, elle a donné 205 F.

Calcule le montant total, en francs, de sa dépense.

```
    2 7              2 2 9 5
  + 8 5            +   2 0 5
  ─────            ─────────
  1 3 5          =   2 5 0 0  F
  2 1 6 0
  ───────
  2 2 9 5
```

```
  1 8 5        8 5         9 8
  x   2      x 1 2       x   4
  ─────      ─────       ─────
  3 7 0      1 0 2 0     3 9 2


             1 0 2 0
           +   3 7 0
           +   3 9 2
           ─────────
           1 7 8 2
```

**6** Le papa de Geoffroy est un passionné des trains électriques.
Pour Noël, il voudrait acheter :

• 2 locomotives à 185 F l'une,
• 12 wagons divers à 85 F l'un,
• 4 boîtes de rails à 98 F l'une.

Mais il ne veut pas dépenser plus de 2 000 francs.

Pourra-t-il effectuer l'ensemble des achats prévus ? *Oui*

**7** Un petit cirque a donné deux représentations dans un village.

Le tableau ci-dessous indique pour chaque catégorie de places :

— le prix du billet,
— le nombre de places vendues.

| | Chaise 45 F | Gradin 1 32 F | Gradin 2 20 F |
|---|---|---|---|
| Matinée | 9 | 18 | 37 |
| Soirée | 14 | 32 | 78 |
| Total | 1035 | 1600 | 2300 |

= 4935

Calcule le montant de la recette réalisée par le cirque dans ce village.

Fais les calculs sur ton cahier.

```
23 × 45 = 1035
50 × 32 = 1600
115 × 20   2300
```

**1** Construis la figure symétrique de chaque figure par rapport à la droite rouge.

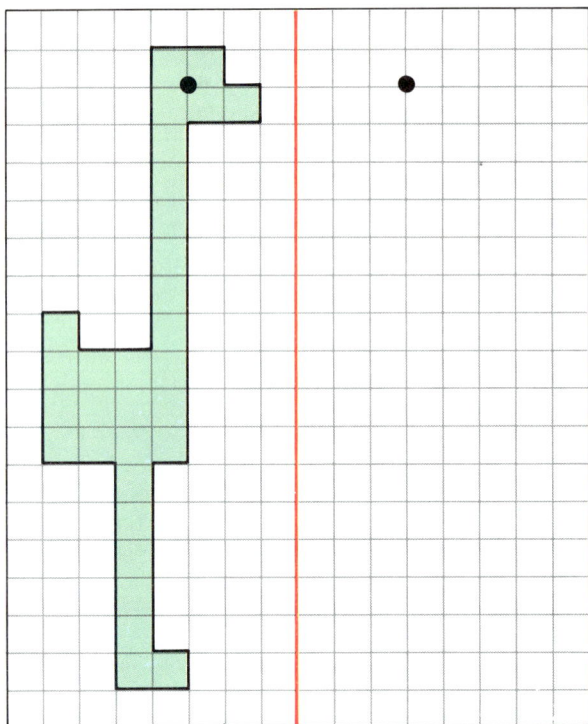

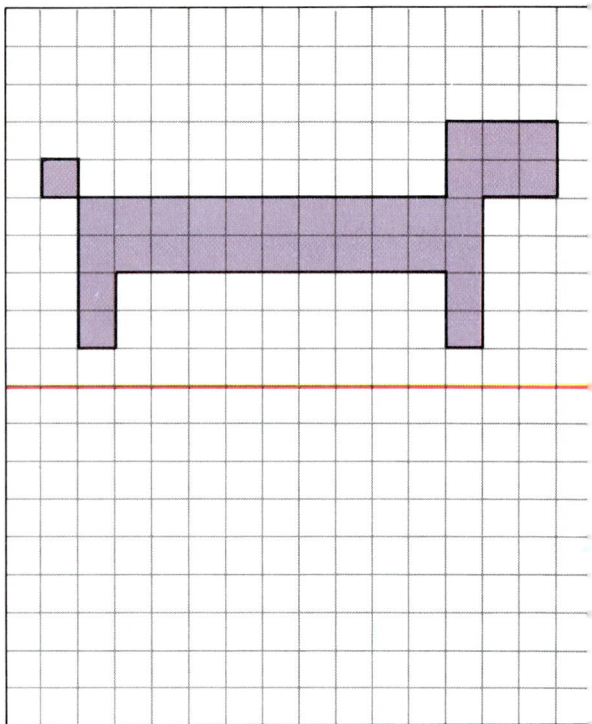

**2** Même travail.

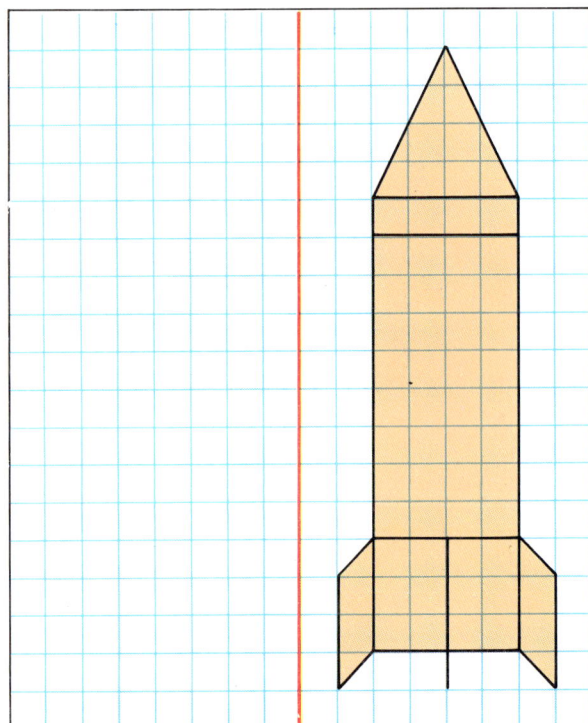

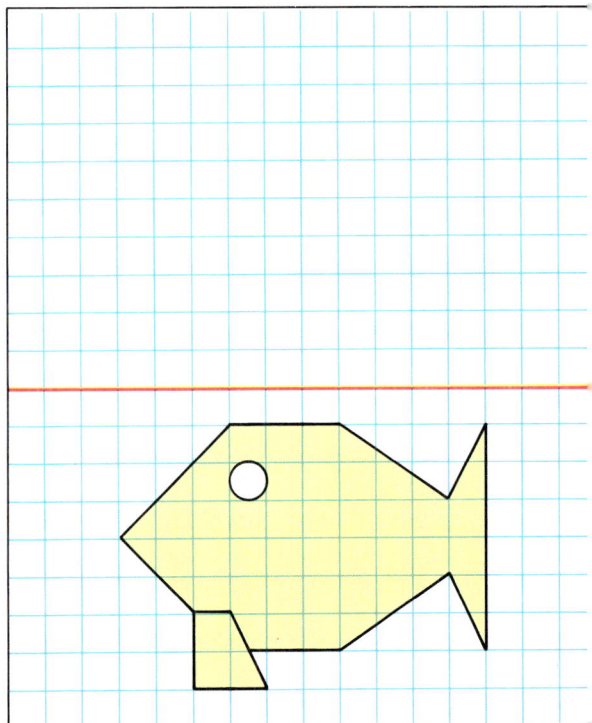

**3** Place les « ronds » symétriques…

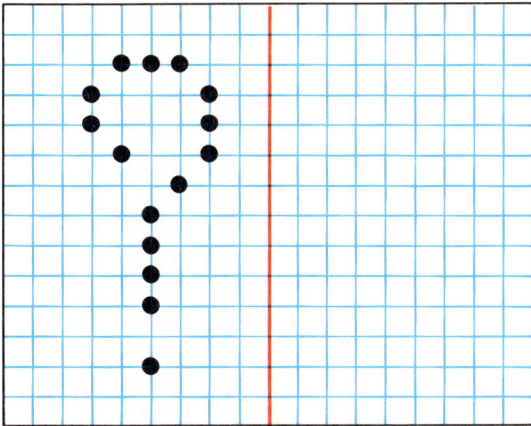

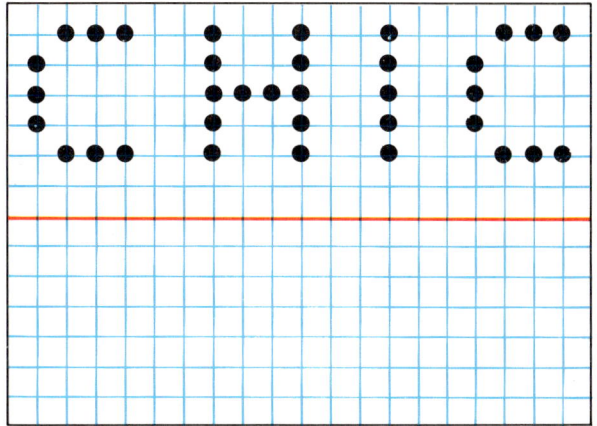

Dis ce que tu constates. _____

---

**4** **a/** Construis la figure **a b c d e f** symétrique de la figure **A B C D E F** par rapport à la droite bleue.

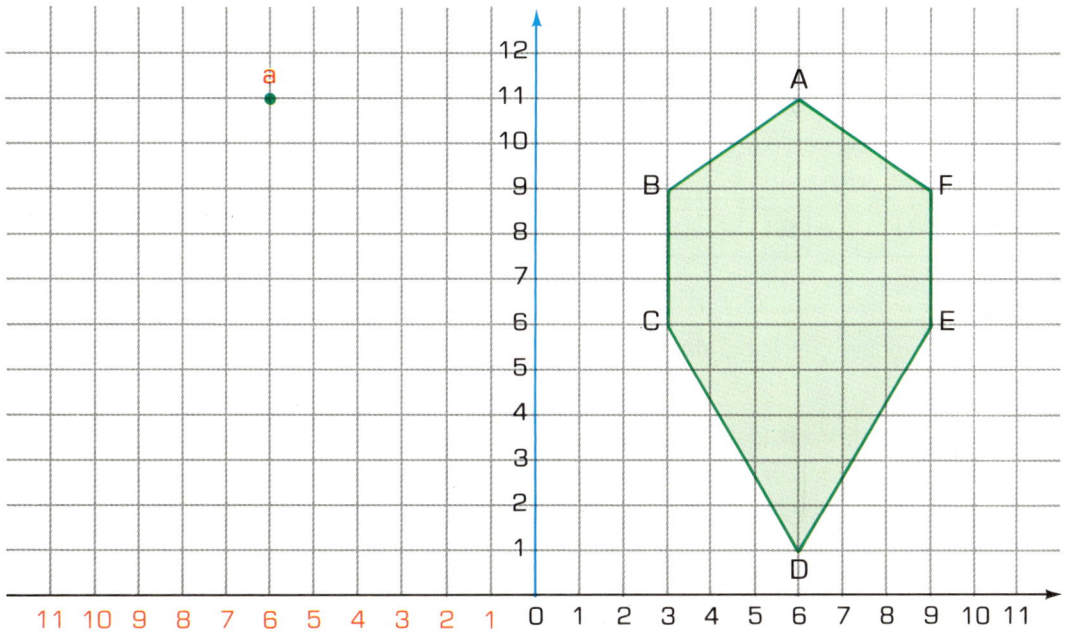

**b/** Écris les couples correspondant aux points indiqués (regarde l'exemple).

| **A** | (6, 11) | **B** | | **C** | | **D** | | **E** | | **F** | |
|---|---|---|---|---|---|---|---|---|---|---|---|
| **a** | (6, 11) | **b** | | **c** | | **d** | | **e** | | **f** | |

Dis ce que tu constates. _____

**1** En partant de chacun des traits rouge et vert, refais le même dessin.

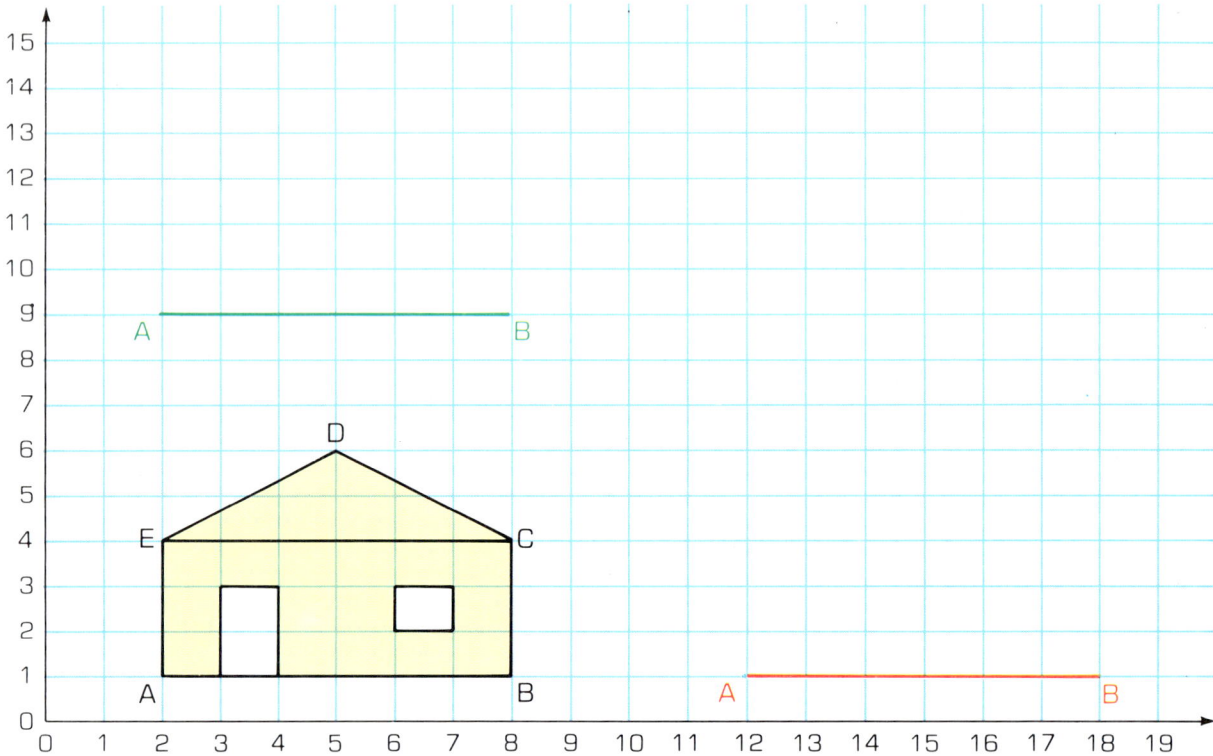

**a/** Écris les couples correspondant aux points noirs.

| **A** | (2, 1) | **B** | | **C** | | **D** | | **E** | |
|---|---|---|---|---|---|---|---|---|---|

**b/** Écris les couples correspondant aux points rouges.

| **A** | | **B** | | **C** | | **D** | | **E** | |
|---|---|---|---|---|---|---|---|---|---|

Compare les couples correspondant aux points **A** et **A**, **B** et **B**, **C** et **C**...

Dis ce que tu constates. _____

**c/** Écris les couples correspondant aux points verts.

| **A** | | **B** | | **C** | | **D** | | **E** | |
|---|---|---|---|---|---|---|---|---|---|

Compare les couples correspondant aux points **A** et **A**, **B** et **B**, **C** et **C**...

Dis ce que tu constates. _____

**a/** Écris dans les cases vertes les couples correspondant aux points **A**, **B**, **C**, **D**, **E**, **F**.

**b/** Additionne 8 au premier terme

Retranche 6 au deuxième terme ⎫ de chaque couple de ce tableau.

Inscris dans les cases rouges les couples obtenus.

| A | (8, 13) | B | | C | | D | | E | | F | |
|---|---------|---|--|---|--|---|--|---|--|---|--|

| a | | b | | c | | d | | e | | f | |
|---|--|---|--|---|--|---|--|---|--|---|--|

**c/** Reporte sur le quadrillage les points **a**, **b**, **c**, **d**, **e**, **f** correspondant à ces couples, puis trace la figure **a b c d e f**.

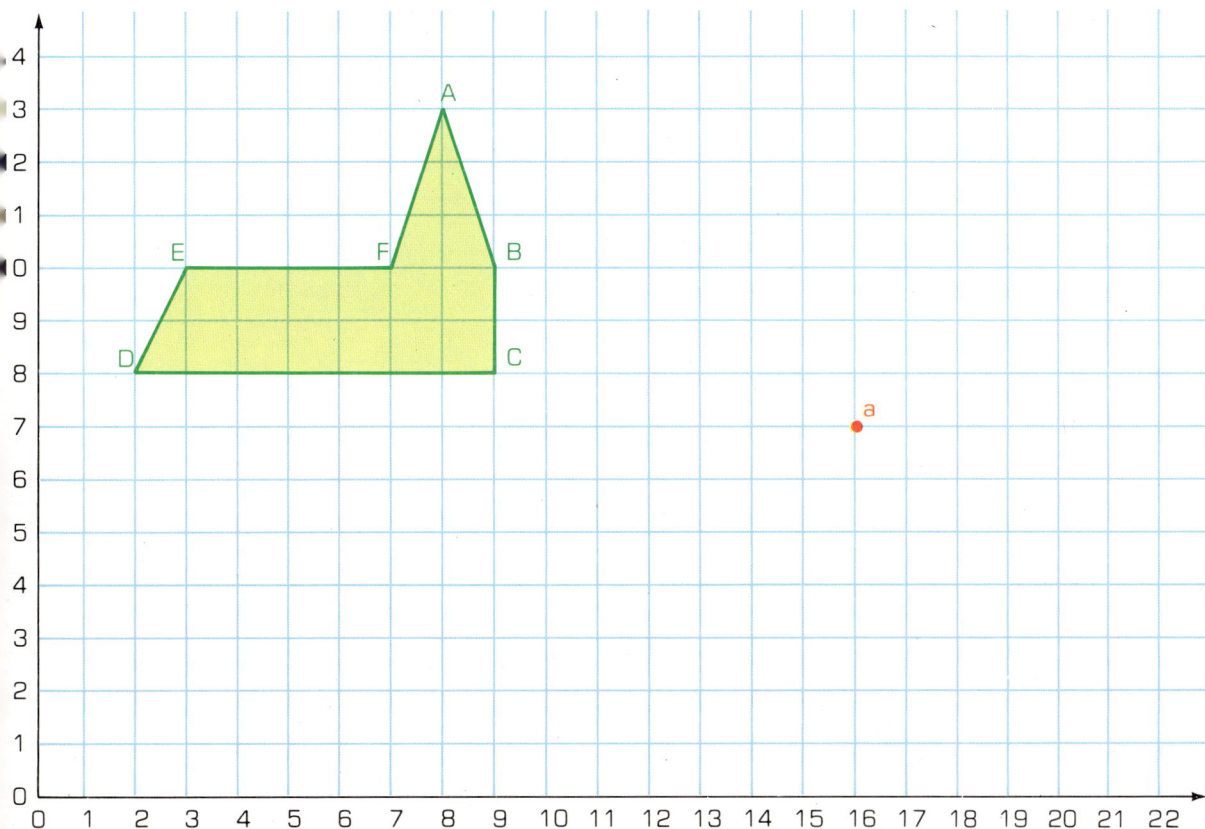

Dis ce que tu constates. _____

_____

**1** **a/** Complète les trois cases.

$6 \times \boxed{3} = 18$   $\boxed{5} \times 6 = 30$   $6 \times \boxed{4} = 24$

5   3   6   4   7

**b/** Observe et continue.

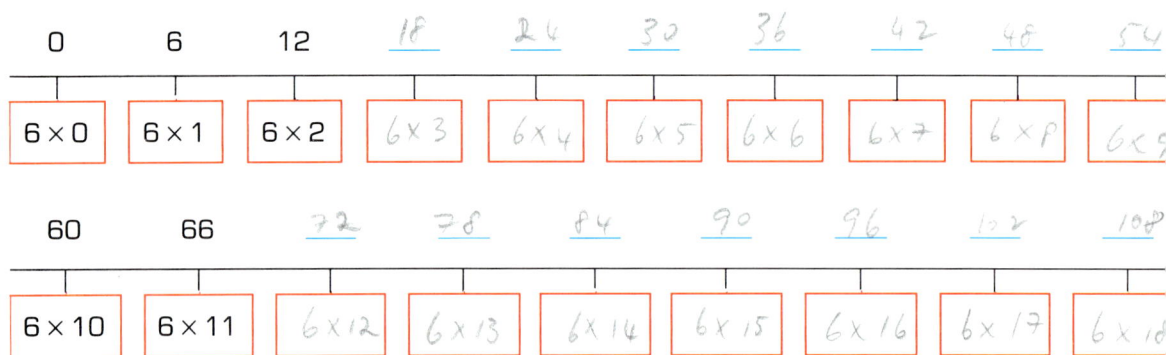

| 0 | 6 | 12 | _18_ | _24_ | _30_ | _36_ | _42_ | _48_ | _54_ |
|---|---|----|------|------|------|------|------|------|------|
| $6 \times 0$ | $6 \times 1$ | $6 \times 2$ | _6 × 3_ | _6 × 4_ | _6 × 5_ | _6 × 6_ | _6 × 7_ | _6 × 8_ | _6 × 9_ |

| 60 | 66 | _72_ | _78_ | _84_ | _90_ | _96_ | _102_ | _108_ |
|----|----|------|------|------|------|------|-------|-------|
| $6 \times 10$ | $6 \times 11$ | _6 × 12_ | _6 × 13_ | _6 × 14_ | _6 × 15_ | _6 × 16_ | _6 × 17_ | _6 × 18_ |

**c/** Colorie les cases où se trouve un multiple de 6.

| 12 | 35 | 48 | 54 | 60 | 96 | 100 | 108 | 112 | 120 |
|----|----|----|----|----|----|-----|-----|-----|-----|

**2** **a/** Complète (on ajoute toujours le même nombre).

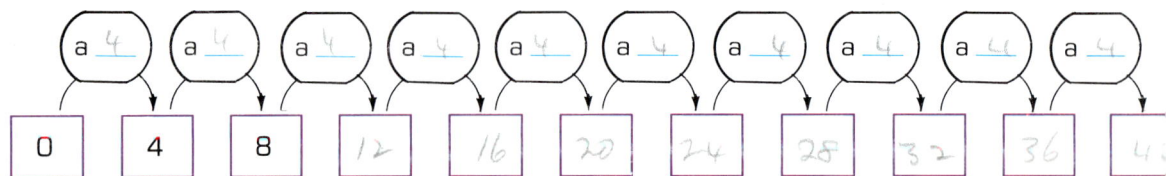

a _4_   a _4_   a _4_   a _4_   a _4_   a _4_   a _4_   a _4_   a _4_   a _4_   a _4_

| 0 | 4 | 8 | _12_ | _16_ | _20_ | _24_ | _28_ | _32_ | _36_ | _4_ |
|---|---|---|------|------|------|------|------|------|------|-----|

**b/** Continue la liste des multiples de 4 jusqu'à 80.

| _44_ | _48_ | _52_ | _56_ | _60_ | _64_ | _68_ | _72_ | _76_ | _80_ |
|------|------|------|------|------|------|------|------|------|------|

**3** Colorie les ronds (regarde les exemples).

| | 0 | 1 | 2 | 3 | 4 | 5 | 6 | 7 | 8 | 9 | 10 | 11 | 12 | 13 | 14 | 15 | 16 | 17 | 18 | 19 | 20 | 21 | 22 | 23 | 24 | 25 | 26 | 27 | 28 |
|---|---|---|---|---|---|---|---|---|---|---|---|---|---|---|---|---|---|---|---|---|---|---|---|---|---|---|---|---|---|
| Multiple de 6 | ● | ○ | ○ | ○ | ○ | ○ | ● | ○ | ○ | ○ | ○ | ○ | ● | ○ | ○ | ○ | ○ | ○ | ● | ○ | ○ | ○ | ○ | ○ | ● | ○ | ○ | ○ | ○ |
| Multiple de 4 | ● | ○ | ○ | ○ | ● | ○ | ○ | ○ | ● | ○ | ○ | ○ | ● | ○ | ○ | ○ | ● | ○ | ○ | ○ | ● | ○ | ○ | ○ | ● | ○ | ○ | ○ | ● |
| Multiple de 3 | ● | ○ | ○ | ● | ○ | ○ | ● | ○ | ○ | ● | ○ | ○ | ● | ○ | ○ | ● | ○ | ○ | ● | ○ | ○ | ● | ○ | ○ | ● | ○ | ○ | ● | ○ |
| Multiple de 2 | ● | ○ | ● | ○ | ● | ○ | ● | ○ | ● | ○ | ● | ○ | ● | ○ | ● | ○ | ● | ○ | ● | ○ | ● | ○ | ● | ○ | ● | ○ | ● | ○ | ● |

Dis ce que tu constates. _____ 12 + 24 ÷ 6/4/3/2. _____

_____

**4** Observe et continue.

| 0 | 5 | 10 | 15 | 20 | 25 | 30 | 35 | 40 | 45 | 50 | 56 |
|---|---|---|---|---|---|---|---|---|---|---|---|

| 0 | 10 | 20 | 30 | 40 | 50 | 60 | 70 | 80 | 90 | 100 | 110 |
|---|---|---|---|---|---|---|---|---|---|---|---|

| 0 | 15 | 30 | 45 | 60 | 75 | 90 | 125 | 120 | 135 | 150 | 165 |
|---|---|---|---|---|---|---|---|---|---|---|---|

Comment reconnaît-on :

— les multiples de 5 ? _____ 0 or 5 at end _____

— les multiples de 10 ? _____ 0 at end. _____

— Peux-tu dresser la troisième liste en te servant des deux premières ? _____ add tog _____

**5** Complète, si c'est possible.

$2 \times 5 = 10$         $5 \times 5 = 25$

$3 \times 4 = 12$         $\_\_ \times 9 = 38$

$4 \times \_\_ = 15$         $6 \times 7 = 42$

---

$7 \times 9 = 63$         $9 \times 1 = 9$

$\_\_ \times 8 = 57$         $10 \times 12 = 120$

$10 \times 9 = 90$         $8 \times 0 = 0$

$7 \times 10 = 70$         $0 \times 0 = 0$

**6** Relie les multiples de 3 du *plus petit au plus grand*.

Un grand garage dispose d'un stock de 80 voitures.

Ces voitures sont chargées sur des camions spéciaux pouvant transporter chacun 12 véhicules.

Il faut chercher le nombre de camions qui seront entièrement chargés et le nombre de voitures qui resteront.

**a/** Voici la méthode utilisée par David.
Termine ses calculs.

| Nombre de camions entièrement chargés | Nombre de voitures transportées |
|---|---|
| 1 | 12 |
| 2 | 12 + 12 = 24 |
| 3 | |
| | |
| | |
| | |

Complète.

— Nombre de camions entièrement chargés : _____

— Nombre de voitures qui restent : _____

**b/** Voici la méthode utilisée par Sophie. Termine ses calculs.

| Nombre de camions entièrement chargés | Nombre de voitures transportées |
|---|---|
| 1 | 12 × 1 = 12 |
| 2 | 12 × 2 = 24 |
| | |
| | |
| | |
| | |

Complète.

— Nombre de camions entièrement chargés : _____

— Nombre de voitures qui restent : _____

Observe la méthode utilisée par Caroline.

| Nombre de camions entièrement chargés | Nombre de voitures qu'il reste à charger |
|---|---|
| 1 | 80 – 12 = 68 |
| 2 | 68 – 12 = 56 |
| | |
| | |
| | |
| | |
| | |

Complète.

Nombre de camions entièrement chargés : _____

Nombre de voitures qui restent : _____

## problème

Une fermière a ramassé 74 œufs.
Elle veut les mettre dans des boîtes pouvant contenir chacune 12 œufs.

(Trouve le nombre de boîtes qui seront complètement remplies et le nombre d'œufs qui restent.
Utilise une des méthodes décrites précédemment.)

**1** Observe et continue.

| 0 | 7 | 14 | | | | | | | | | | |
|---|---|---|---|---|---|---|---|---|---|---|---|---|

| 0 | 8 | 16 | | | | | | | | | | |
|---|---|---|---|---|---|---|---|---|---|---|---|---|

| 0 | 9 | 18 | | | | | | | | | | |
|---|---|---|---|---|---|---|---|---|---|---|---|---|

| 0 | 25 | 50 | | | | | | | | | | |
|---|---|---|---|---|---|---|---|---|---|---|---|---|

**2** Complète, si c'est possible.

$4 \times \underline{\phantom{xx}} = 12$     $\underline{\phantom{xx}} \times 6 = 30$

$5 \times \underline{\phantom{xx}} = 35$     $\underline{\phantom{xx}} \times 4 = 22$

$7 \times \underline{\phantom{xx}} = 43$     $\underline{\phantom{xx}} \times 7 = 49$

$\underline{\phantom{xx}} \times 8 = 40$     $8 \times \underline{\phantom{xx}} = 48$

$\underline{\phantom{xx}} \times 9 = 54$     $8 \times \underline{\phantom{xx}} = 56$

$\underline{\phantom{xx}} \times 8 = 81$     $9 \times \underline{\phantom{xx}} = 72$

**3** Complète le tableau ci-dessous de telle sorte que :

— les produits en ligne
— les produits en colonne } soient égaux.

| 3 | 2 | 4 | |
|---|---|---|---|
| | | | |
| | 12 | 1 | |
| | | | |

**4** Complète le tableau en mettant une croix dans les cases qui conviennent

| | 0 | 2 | 4 | 6 | 8 | 10 | 12 | 14 | 16 | 18 | 20 | 22 | 24 | 26 | 28 | 30 | 32 |
|---|---|---|---|---|---|---|---|---|---|---|---|---|---|---|---|---|---|
| Multiple de 2 | | | | | | | | | | | | | | | | | |
| Multiple de 4 | | | | | | | | | | | | | | | | | |
| Multiple de 8 | | | | | | | | | | | | | | | | | |

Dis ce que tu constates. _____

**1** Le papa de Joël dit : « Cette année, mon âge est un multiple de 4 et de 5. »
Joël répond :
« Mais papa, tu n'as quand même pas encore 50 ans !
— Non, mais je n'ai plus 20 ans. »

Trouve l'âge du papa de Joël.

**2** Nicolas dit : « À l'école de ski, si le moniteur nous groupe par 2, par 3, par 5, par 6 ou par 10, tous les enfants participent aux exercices. Bien sûr, nous sommes moins de 50. »

Trouve le nombre d'enfants de cette école de ski.

**3** Laure range les 120 photographies, toutes réussies, prises au cours des dernières vacances au bord de la mer.

Trouve le nombre de films qu'elle a utilisés, sachant que chaque film permet de prendre 24 photographies.

**4** Le directeur d'une école dispose de 400 F pour acheter des disques de gymnastique rythmique valant 52 F l'un.

Trouve :
— le nombre de disques qu'il peut acheter ;

— la somme, en francs, qui lui reste après cet achat.

**1**   Il est *midi* à Paris. Écris l'heure indiquée par chacune de ces horloges, au même moment, dans différentes villes du monde. (Il s'agit d'*heures du matin.*)

| Los Angeles | Rio de Janeiro | Mexico | Cap Canaveral |
|---|---|---|---|

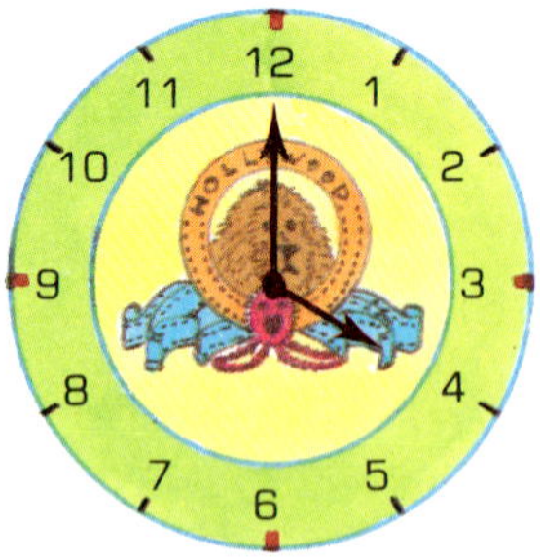

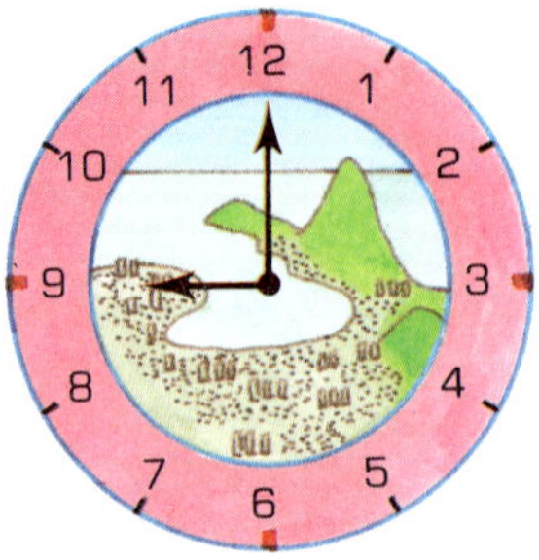

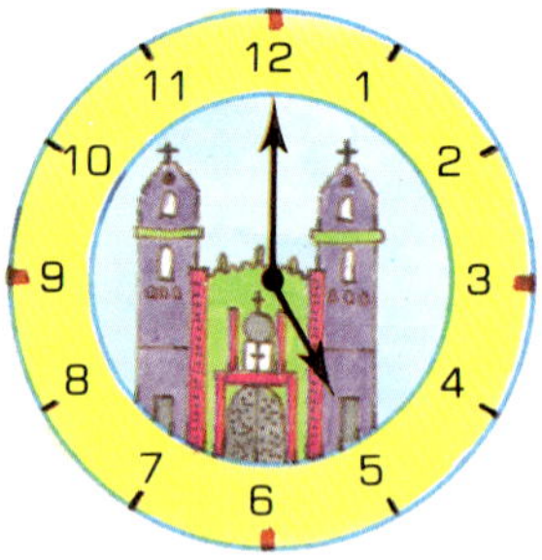

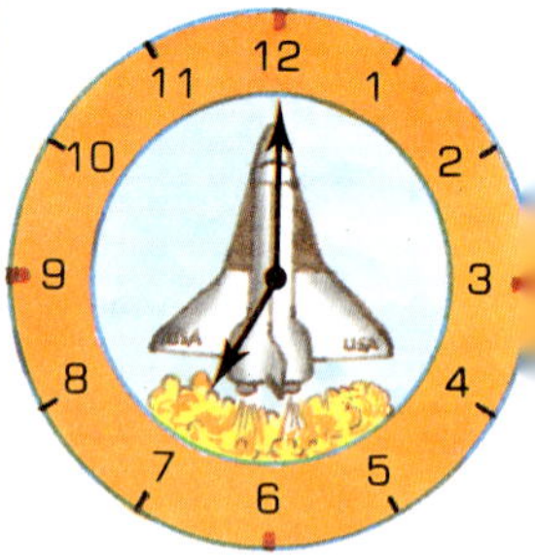

— Que constates-tu ? _____

_____

— Quelle heure est-il à Paris quand il est 7 h (du matin) à Mexico ? _____

**2**   Complète les tableaux ci-dessous.

| Nombre d'heures | 1 | | 3 | | 4 | 8 | | 10 |
|---|---|---|---|---|---|---|---|---|
| Nombre de minutes | | 120 | | 300 | | | 420 | |

| Nombre d'heures | un quart d'heure | trois quarts d'heure | une demi-heure | une heure et quart | une heure quinze |
|---|---|---|---|---|---|
| Nombre de minutes | | | | | |

**3**   On donne les durées suivantes :

a/   100 min  |  45 min  |  78 min
      50 min  |  32 min  |  65 min
      47 min  |  75 min  |  113 min

b/   trois quarts d'heure
     une demi-heure
     une heure et quart
     une heure et demie

Classe ces durées dans le tableau ci-contre.

| Durée *inférieure* à une heure | Durée *supérieure* à une heure |
|---|---|
| | |
| | |
| | |
| | |
| | |
| | |
| | |

**4** * La montre de Christophe, dessinée ci-contre, retarde de 15 minutes.

**a/** Quelle heure est-il exactement ?

_____

**b/** Quelle heure marquera-t-elle quand il sera 19 h 45 ?

_____

**5** * Le tableau ci-dessous indique les heures d'entrée et de sortie d'une école.

| | Entrée | Sortie |
|---|---|---|
| Matin | 8 h 30 | 11 h 30 |
| Après-midi | 13 h 30 | 16 h 30 |

Trouve le nombre d'heures de classe dans une semaine.

_____

_____

───── *problème* ─────

Marion part en vacances, avec ses parents, sur la Côte-d'Azur. Ils prennent le « train autos-accompagnées ».

**18 h 30 :** Départ pour la gare.

**18 h 45 :** Chargement de la voiture sur le train autos-accompagnées.

**20 h :** Départ du train. Il va rouler toute la nuit.

Le lendemain, **7 h 30 :** Arrivée du train à Saint-Raphaël. Petit-déjeuner.

**8 h 45 :** Déchargement de la voiture.

**9 h 30 :** Arrivée à l'hôtel.

**a/** Trouve la durée du voyage en train : _____

**b/** Trouve la durée écoulée entre le départ de la maison et l'arrivée à l'hôtel :

_____

**c/** Que peux-tu chercher d'autre ? _____

_____

**1** Observe un calendrier de l'année en cours.

**a/** Combien y a-t-il de mois dans l'année ? _____

Classe ces mois suivant leur nombre de jours.

_____

_____

_____

Combien y a-t-il de jours dans cette année ? _____

Ce nombre est-il toujours le même ? _____

_____

**b/** Combien y a-t-il de semaines complètes dans l'année ? _____

**c/** Sur ton calendrier, compte :
— le nombre de dimanches : _____

— le nombre de mercredis : _____

**2** Sur ton calendrier, trouve la date du premier jour :

— du printemps : _____    — de l'automne : _____

— de l'été : _____    — de l'hiver : _____

Recherche ces dates sur un calendrier de l'année précédente et sur un calendrier de l'année à venir.
\* Dis ce que tu constates. _____

_____

**3** Sur ton calendrier, trouve la date de chacune des fêtes suivantes :

— Pâques : _____    — Mardi gras : _____

— Noël : _____    — Pentecôte : _____

— Fête du travail : _____    — Fête nationale : _____

— Armistice de 1918 : _____    — Armistice de 1945 : _____

Range ces dates dans l'ordre chronologique. _____

_____

Complète le calendrier suivant et trouve le nombre de jours de classe de ce mois.

| JUIN | | | | | | |
|------|------|----------|-------|----------|--------|----------|
| Lundi | Mardi | Mercredi | Jeudi | Vendredi | Samedi | Dimanche |
|  |  |  |  |  |  |  |
|  |  |  | 8 | 9 |  |  |
|  |  |  |  |  |  |  |
|  |  |  |  |  |  |  |
|  |  |  |  |  |  |  |

Nombre de jours de classe de ce mois : _____

Observe le tableau où sont indiquées les dates de naissance d'enfants nés la même année.

**a/** Indique, pour chaque enfant, le signe du zodiaque qui lui correspond.

**Cancer**
(2 juin-22 juillet)

**Lion**
(23 juillet-22 août)

**Vierge**
(23 août-22 sept.)

**Balance**
(23 sept.-22 oct.)

**Scorpion**
(23 oct.-22 nov.)

**Sagittaire**
(23 nov.-21 déc.)

**Gémeaux**
(22 mai-21 juin)

**Capricorne**
(22 déc.-20 janvier)

**Taureau**
(22 avril-21 mai)

**Verseau**
(21 janvier-19 fév.)

**Bélier**
(21 mars-21 avril)

**Poissons**
(20 février-20 mars)

| Céline | 25 janvier |  |
|--------|-----------|--|
| Claire | 22 juin |  |
| Isabelle | 10 février |  |
| Martin | 11 avril |  |
| Julie | 25 décembre |  |
| Clément | 16 mai |  |
| Frédéric | 20 août |  |
| Aude | 6 juillet |  |
| Christophe | 9 septembre |  |

**b/** Range ces enfants du *plus jeune au plus âgé*.

_____

_____

**1** Mamie achète une boîte de 160 croquettes pour son chien Pistou.
Elle lui en donne 25 tous les jours.

Pendant combien de jours mamie pourra-t-elle lui donner une ration complète ?

**a/** Complète le tableau.

| Nombre de jours | Nombre de croquettes données | Nombre de croquettes qui restent |
|---|---|---|
| 1 | $25 \times 1 = 25$ | $160 - 25 = 135$ |
| 2 | $25 \times 2 = 50$ | $160 - 50 = 110$ |
|  |  |  |
|  |  |  |
|  |  |  |
|  |  |  |
|  |  |  |

**b/** Complète.

Elle a pu lui donner sa ration complète pendant $\boxed{\phantom{0}}$ jours.

Il reste $\boxed{\phantom{0}}$ croquettes.

$$160 = \left(25 \times \boxed{\phantom{0}}\right) + \boxed{\phantom{0}}$$

$$160 - \left(25 \times \boxed{\phantom{0}}\right) = \boxed{\phantom{0}}$$

---

**2** **a/** Complète, si cela est possible.

$30 = (7 \times 0) + \boxed{\phantom{0}}$

$30 = (7 \times 1) + \boxed{\phantom{0}}$

$30 = (7 \times 2) + \boxed{\phantom{0}}$

$30 = (7 \times 3) + \boxed{\phantom{0}}$

$30 = (7 \times 4) + \boxed{\phantom{0}}$

$30 = (7 \times 5) + \boxed{\phantom{0}}$

Dans quel cas le nombre écrit dans

$\boxed{\phantom{0}}$ est-il inférieur à 7 ?

_____

**b/** Complète.

$42 = \left(7 \times \boxed{\phantom{0}}\right) + \boxed{0}$

**3** **a/** Complète, si cela est possible.

$25 - (6 \times 0) = \boxed{\phantom{0}}$

$25 - (6 \times 1) = \boxed{\phantom{0}}$

$25 - (6 \times 2) = \boxed{\phantom{0}}$

$25 - (6 \times 3) = \boxed{\phantom{0}}$

$25 - (6 \times 4) = \boxed{\phantom{0}}$

$25 - (6 \times 5) = \boxed{\phantom{0}}$

Dans quel cas le nombre écrit dans

$\boxed{\phantom{0}}$ est-il inférieur à 6 ?

_____

**b/** Complète.

$25 - \left(5 \times \boxed{\phantom{0}}\right) = \boxed{0}$

Une usine doit expédier 80 caisses de marchandises.
On peut mettre 16 caisses sur un camion.

Il faut trouver le nombre de camions nécessaires pour exécuter ce transport.

| Nombre de camions entièrement chargés | Nombre de caisses transportées | Nombre de caisses qui restent après chaque chargement |
|---|---|---|
| 1 | $16 \times 1 = 16$ | $80 - 16 = 64$ |
| 2 | $16 \times 2 = 32$ | $80 - 32 = 48$ |
| | | |
| | | |
| | | |
| | | |

Complète :

**a/** nombre de camions nécessaires pour effectuer ce transport : ☐ .

**b/** $80 = \left(16 \times \boxed{\phantom{0}}\right) + \boxed{\phantom{0}}$ , $80 - \left(16 \times \boxed{\phantom{0}}\right) = \boxed{\phantom{0}}$

---

**2** **a/** Éric a 63 pièces de 1 F. Il en fait des piles de 10.

— Nombre de piles obtenues : _____

— Nombre de pièces qui restent : ___

Complète : $63 = \left(10 \times \boxed{\phantom{0}}\right) + \boxed{\phantom{0}}$

**b/** Valérie a 123 pièces de 1 F. Elle en fait des piles de 20.

— Nombre de piles obtenues : _____

— Nombre de pièces qui restent : ___

Complète : $123 = \left(20 \times \boxed{\phantom{0}}\right) + \boxed{\phantom{0}}$

Dis ce que tu constates .

_____
_____

**3** Christine a reçu 100 F pour son anniversaire. Elle prend chaque semaine 15 F pour son argent de poche.

Pendant combien de semaines pourra-t-elle disposer d'une somme de 15 F ?

**1** Observe le dessin, puis complète le tableau.

| Nombre total de fleurs | Nombre de fleurs par bouquet | Nombre de bouquets obtenus | Nombre de fleurs qui restent |
|---|---|---|---|
|  | 6 |  |  |

**2** Dessine 43 jetons sur ton cahier.

Groupe-les ensuite 3 par 3.

Complète :

**a/** nombre de groupes de 3 jetons obtenus : ☐

**b/** $43 = \left(3 \times \boxed{\phantom{0}}\right) + \boxed{\phantom{0}}$

**3** On distribue les 52 cartes d'un jeu entre 4 joueurs de telle façon que chaque joueur ait le même nombre de cartes.

Complète :

**a/** nombre de cartes que recevra chaque joueur : ☐

**b/** $52 = \left(4 \times \boxed{\phantom{0}}\right) + \boxed{\phantom{0}}$

**4** Complète les égalités.

$17 = (5 \times 0) + \boxed{\phantom{0}}$

$17 = (5 \times 1) + \boxed{\phantom{0}}$

$17 = (5 \times 2) + \boxed{\phantom{0}}$

$17 = (5 \times 3) + \boxed{\phantom{0}}$

$21 = (6 \times 0) + \boxed{\phantom{0}}$

$21 = (6 \times 1) + \boxed{\phantom{0}}$

$21 = (6 \times 2) + \boxed{\phantom{0}}$

$21 = (6 \times 3) + \boxed{\phantom{0}}$

$32 - (9 \times 0) = \boxed{\phantom{0}}$

$32 - (9 \times 1) = \boxed{\phantom{0}}$

$32 - (9 \times 2) = \boxed{\phantom{0}}$

$32 - (9 \times 3) = \boxed{\phantom{0}}$

Que peux-tu dire dans chaque cas de la dernière égalité ?

**1** 90 enfants participent à une épreuve de natation.
La piscine comporte 8 couloirs.

**a/** Combien de groupes de 8 nageurs peut-on former ?

**b/** Combien d'enfants comptera le groupe incomplet ?

**2** Julien possède 95 soldats de plomb.

**a/** Il les dispose en rangées de 15. Combien de rangées complètes aura-t-il ?

Combien de soldats restera-t-il ?

**b/** Il les range maintenant d'une autre manière. Il obtient ainsi 10 rangées complètes, et il lui reste 5 soldats.

Combien de soldats comporte chacune de ces rangées ?

**3** Marie a un ruban de 2 m de longueur. Elle doit découper le plus possible de bandes mesurant chacune 16 cm.

**a/** Combien de bandes obtiendra-t-elle ?

**b/** Quelle sera la longueur du morceau de ruban restant ?

**4** Martin compte à rebours de 15 en 15 à partir de 200. Sa sœur Carole part du même nombre, mais elle compte à rebours de 25 en 25.

**a/** Combien de soustractions chacun des enfants va-t-il effectuer ?

**b/** Quel est le dernier nombre énoncé par chacun d'eux ?

**1** Une école de 190 élèves est inscrite à une séance de marionnettes dans une salle comportant des rangées de 12 fauteuils chacune.

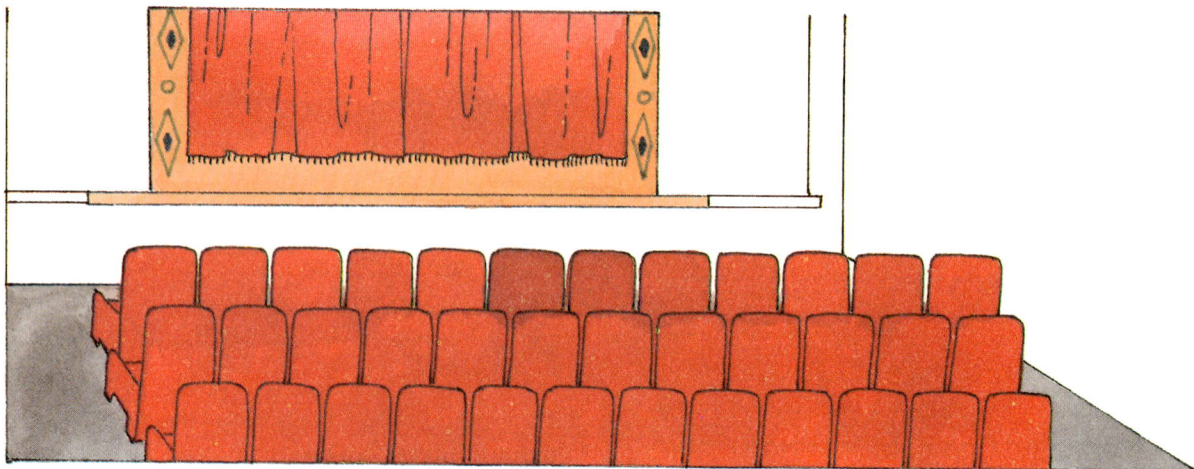

Il faut chercher :
— le nombre de rangées qui seront complètement occupées ;

— le nombre d'enfants qu'il faudra installer dans une rangée supplémentaire.

**a/** Nombre de places dans 10 rangées complètes : 12 × 10 = 120.
Nombre de places dans 20 rangées complètes : 12 × 20 = 240.

Le nombre de rangées complètement occupées par les 190 élèves est donc compris entre 10 et 20.

**b/** Complète les calculs pour trouver le nombre de rangées complètement occupées.

— Nombre de places dans ... 11 rangées complètes : 12 × 11 = _____

... 12 rangées complètes : _____ = _____

... 13 rangées complètes : _____ = _____

_____

_____

_____

**c/** Complète.

— Nombre de rangées complètement occupées : ☐

— Nombre d'enfants installés dans une rangée supplémentaire : ☐

$$190 = \left(12 \times \boxed{\phantom{0}}\right) + \boxed{\phantom{0}}$$

**2** **a/** Observe et continue.

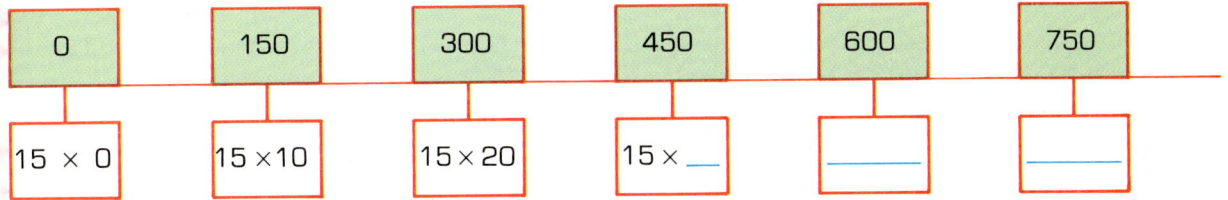

| 0 | 150 | 300 | 450 | 600 | 750 |
|---|-----|-----|-----|-----|-----|

| $15 \times 0$ | $15 \times 10$ | $15 \times 20$ | $15 \times \underline{\phantom{00}}$ | $\underline{\phantom{0000}}$ | $\underline{\phantom{0000}}$ |
|---|---|---|---|---|---|

**b/** Place le nombre 370 entre les deux multiples de 150 qui se suivent, puis complète.

$$15 \times \underline{\phantom{0000}} < 370 < 15 \times \underline{\phantom{0000}}$$

**c/** Continue les calculs pour faire la division de 370 par 15.

| $15 \times 21 =$ |
|---|
| $15 \times \phantom{00} =$ |
| $15$ |
| |
| |

**d/** Complète.

Le quotient de la division de

370 par 15 est : $\underline{\phantom{0000}}$

Le reste de cette division est : ☐

$$370 = (15 \times \underline{\phantom{0000}}) + \square$$

## exercice

Le caissier d'une société de gérance de parcmètres range 820 pièces de 1 F en rouleaux contenant chacun 25 pièces.

Trouve :

**a/** le nombre de rouleaux confectionnés ;

**b/** le nombre de pièces de 1 F qui restent.

Fais ces problèmes sur ton cahier.

**1** Pendant que papa est en train d'installer une piscine gonflable de 2 250 litres dans le jardin, Vincent se demande combien de fois il devrait y verser son seau de 9 litres pour la remplir complètement.
Il se pose la même question pour sa petite sœur Valentine qui a un seau de 3 litres.

Fais les calculs...

**2** Dans un kiosque à journaux, un hebdomadaire sportif est vendu 19 francs. L'abonnement annuel (52 numéros) à cette revue coûte 524 F.

Quelle somme économise-t-on en souscrivant à l'abonnement annuel au lieu d'acheter chaque semaine cette revue ?

**3** Benoît a 240 francs dans sa tirelire. Son frère Christophe en a 280.

À l'occasion de la Fête des Mères, ils vont acheter un cadeau valant 300 francs, et chacun des deux enfants en paie *la moitié*.

Après cet achat, combien d'argent restera-t-il :

**a/** à Benoît ?

**b/** à Christophe ?

**4** À la fête scolaire, on a vendu 274 enveloppes-surprises à 12 F l'une et 256 carnets de tickets de jeux à 6 F l'un.
Le Directeur partage la recette totale entre les 8 classes de son école en donnant à chacune d'elles la *même somme*.

Quelle est cette somme ?

**5** Avant de partir en vacances, Sabine achète 5 films de 24 poses chacun.

Elle voudrait acheter en même temps un album permettant de coller 6 photos par page.

Combien de pages devra *au moins* avoir cet album pour que Sabine puisse y coller ses photos (elle pense les réussir toutes...) ?

**6** Une sortie en autocar d'une classe de CE 2 coûte 1 250 francs.
La coopérative de l'école verse 825 francs.

Combien chacun des 25 élèves de la classe devra-t-il payer pour réunir la somme nécessaire ?

**7** Dans un grand magasin, Damien s'arrête devant une palette de bouteilles d'eau minérale et dit à sa maman : « Il y a au moins 1 000 bouteilles là-dessus ! »
Il observe bien la palette. Il voit qu'il y a 3 « couches » de 25 « packs » chacune, et qu'il y a 6 bouteilles par « pack ».

Damien s'est-il trompé ?

**8** Les parents de Véronique achètent un téléviseur valant 9 200 F. Ils donnent 5 000 F à la commande et paieront le reste en douze versements égaux.

Calcule le montant, en francs, d'un versement.

**a/** Découpe soigneusement les figures de chaque série et essaie de réaliser un assemblage sans « trous » en utilisant uniquement les figures *d'une même série.*

**b/** Essaie ensuite de réaliser un assemblage sans « trous » en utilisant *à la fois* des figures de la **série A** et des figures de la **série C**.

Série A

Série C

Série B

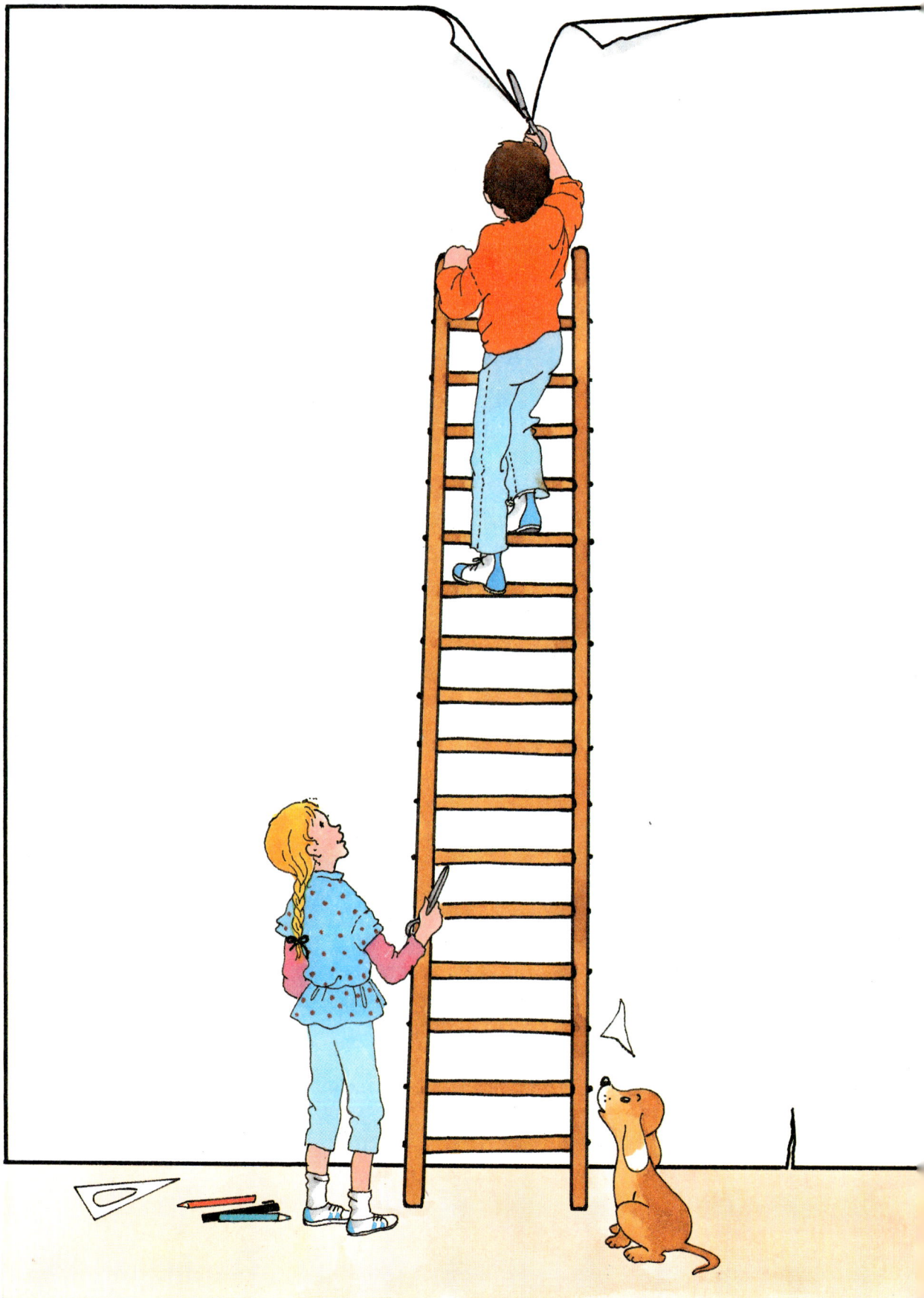

Découpe soigneusement, suivant les traits noirs, ces deux figures.

Figure ①

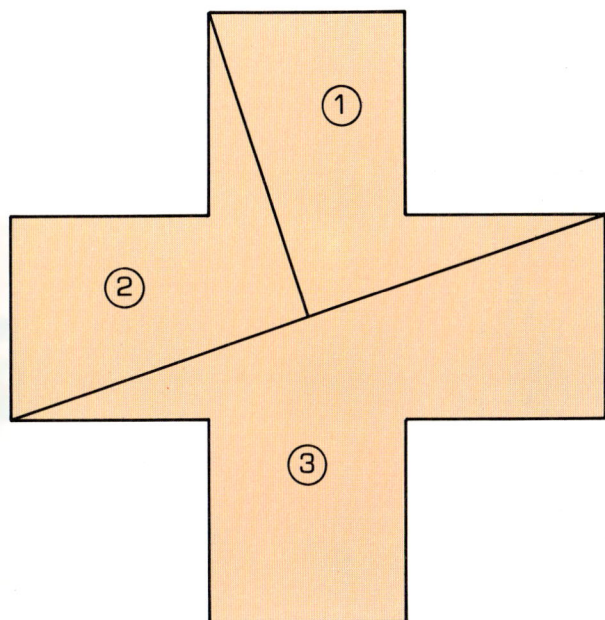

Figure ②

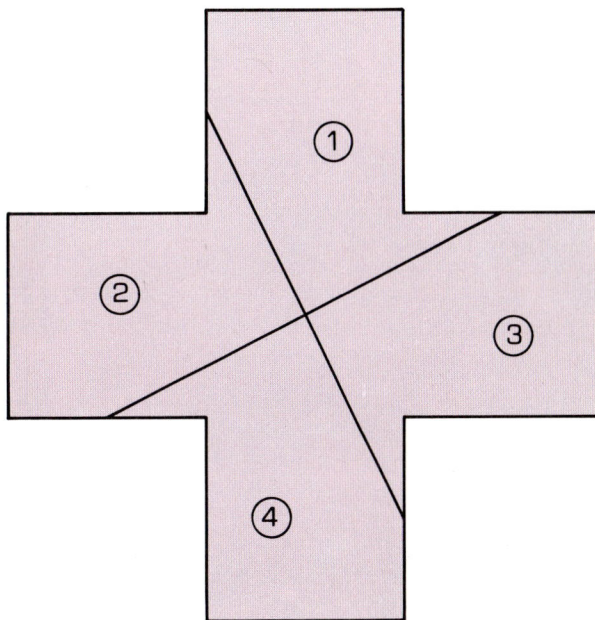

**a/** Assemble les trois parties de la figure ① de manière à obtenir un *rectangle.*

**b/** Assemble les quatre parties de la figure ② de manière à obtenir *un carré.*

Découpe la figure Ⓐ suivant les traits rouges et *recouvre exactement* le carré Ⓑ avec les morceaux obtenus.

Figure Ⓐ

Carré Ⓑ

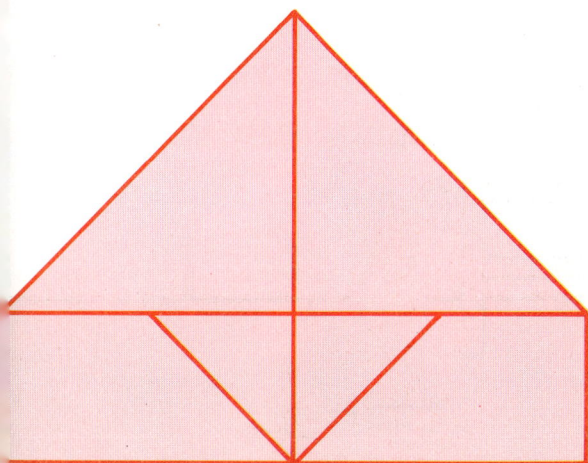

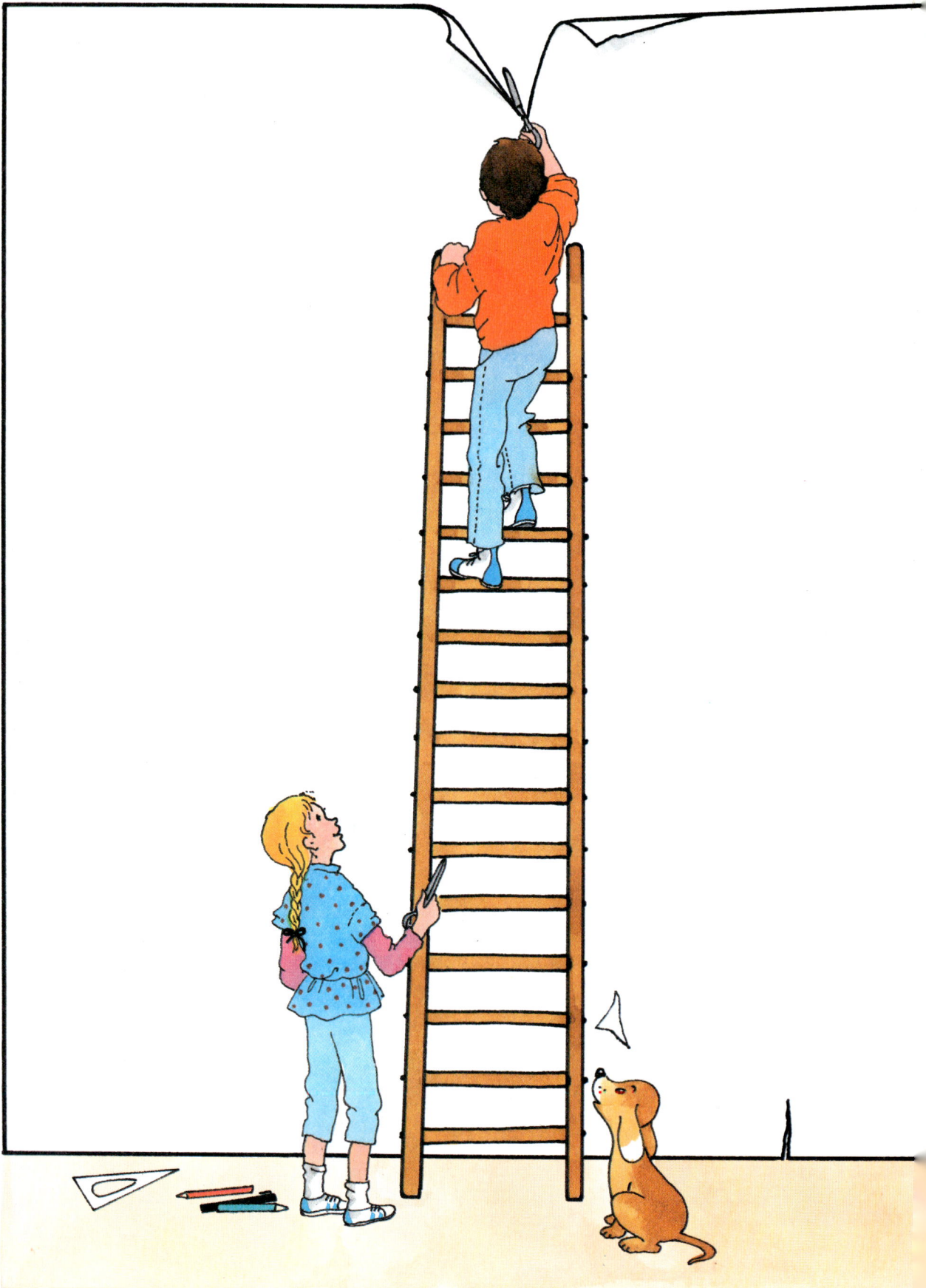

bserve...

## PISCINE    *Les flots bleus*

| TARiFS | Adulte | Enfant (moins de 10 ans) |
|---|---|---|
| Billet individuel | 12 F | 6 F |
| Carnet de 10 billets | 80 F | 45 F |
| Abonnement annuel | 450 F | 270 F |
| Billet familial par jour : | 32 F | |

**1** Monsieur et madame Brun et leurs trois enfants âgés de 3, 5 et 7 ans vont à la piscine.
Ils demandent cinq billets individuels.

**a/** Quelle somme leur demande-t-on ?

Si monsieur Brun avait lu plus attentivement le tarif, aurait-il eu intérêt à acheter un billet familial ?

**b/** Si oui, quelle somme aurait-il économisée ?

**2** Corinne, une élève de CE 2, qui a 9 ans, a acheté deux carnets de 10 billets.

**a/** Combien économise-t-elle en achetant ces deux carnets au lieu de 20 billets individuels ?

**b/** Combien de carnets de 10 billets aurait-elle pour le prix d'un abonnement annuel ?

**3** L'an dernier, Thierry, qui a 12 ans, avait pris un abonnement annuel.
Il est allé 50 fois à la piscine.

Aurait-il pu trouver une solution plus avantageuse ? Laquelle ?

**1** La tortue a obéi aux ordres.
Observe le chemin qu'elle a parcouru.

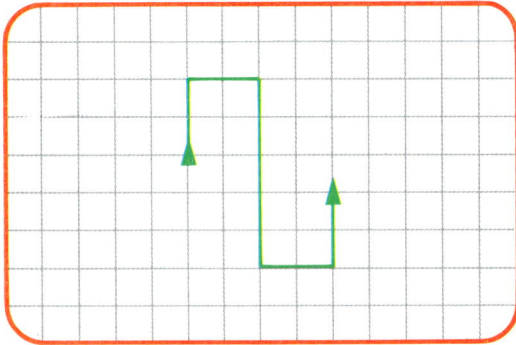

**Pour chemin A**

— Avance 2
— Tourne Droite 90
— Avance 2
— Tourne Droite 90
— Avance 5
— Tourne Gauche 90
— Avance 2
— Tourne Gauche 90
— Avance 2
Fin

**2** Lis les ordres qu'on a donnés à la tortue.
Trace le chemin qu'elle doit parcourir.

**Pour chemin B**

— Avance 3
— Tourne Droite 90
— Avance 5
— Tourne Droite 90
— Avance 4
— Tourne Droite 90
— Avance 8
— Tourne Gauche 90
— Avance 2
Fin

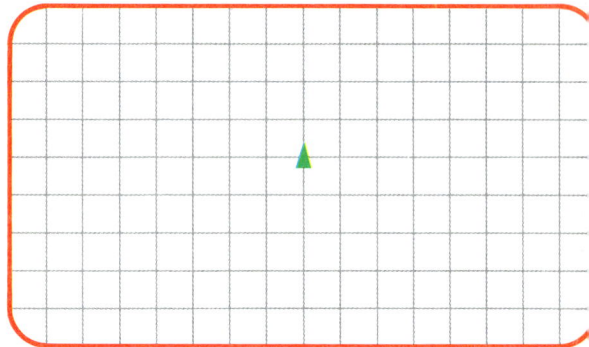

**3** Écris les ordres correspondant au déplacement effectué par la tortue.

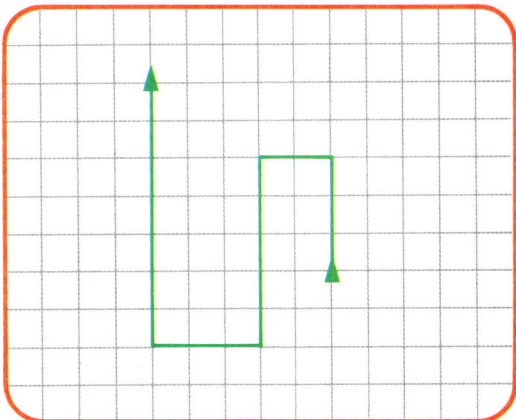

**Pour chemin C**

Lis les ordres donnés à la tortue.

Voici le tracé réalisé par Vincent :

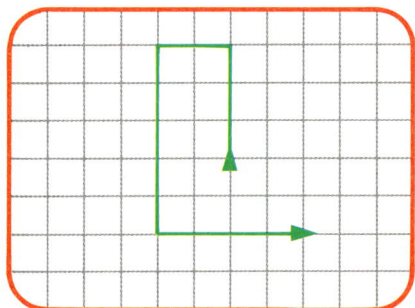

Voici le tracé réalisé par Sophie :

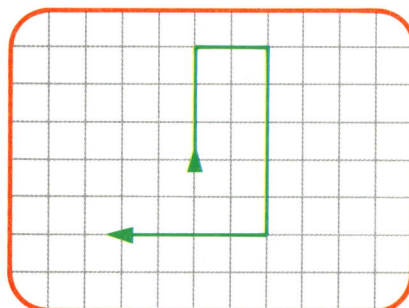

**Pour chemin D**

— Avance 3
— Tourne  Droite  90
— Avance 2
— Tourne  Droite  90
— Avance 5
— Tourne  Droite  90
— Avance 4
Fin

**a/** Lequel des deux enfants n'a pas obéi aux ordres donnés ? _____

**b/** Souligne les ordres qu'il n'a pas respectés.

---

Écris les ordres qu'il faut donner à la tortue pour qu'elle construise un *rectangle* à partir de la position de départ.

**Pour rectangle**

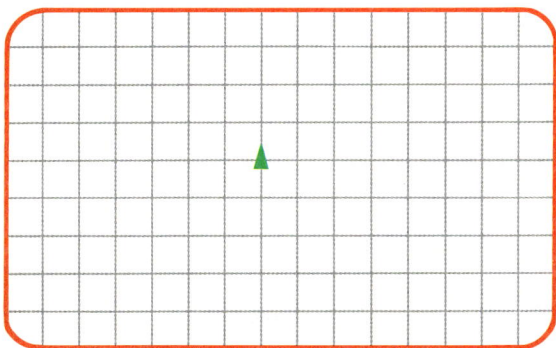

_____

_____

_____

_____

_____

_____

_____

_____

_____

---

**6** En donnant le moins d'ordres possible, fais tracer cette figure par la tortue.
(Écris ces ordres sur ton cahier.)

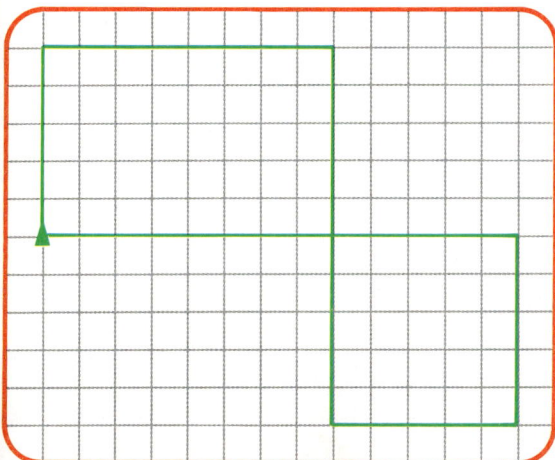

**1** Observe cet extrait de carte routière sur laquelle les distances sont indiquées en kilomètres. Complète le tableau des distances (on choisit toujours *l'itinéraire le plus court*). Regarde d'abord les exemples.

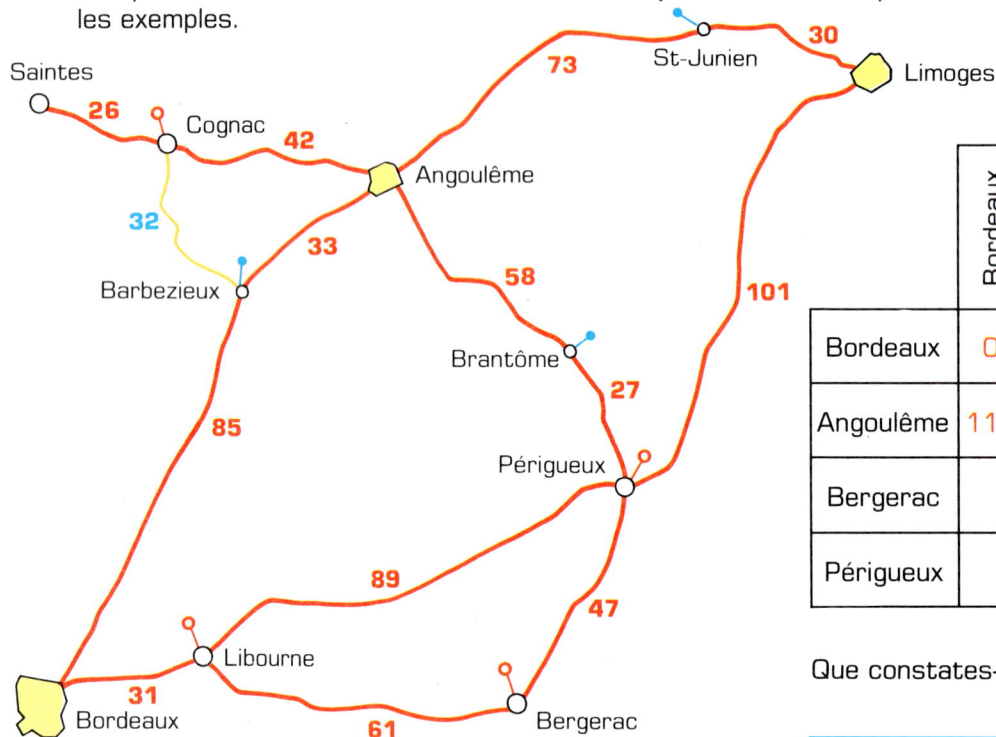

|  | Bordeaux | Angoulême | Bergerac | Périgueux |
|---|---|---|---|---|
| Bordeaux | 0 | 118 |  |  |
| Angoulême | 118 | 0 |  |  |
| Bergerac |  |  |  |  |
| Périgueux |  |  |  |  |

Que constates-tu ? _____
_____

**2** Un marchand de meubles de Bordeaux doit livrer une salle à manger à Limoges.

**a/** Quels itinéraires peut-il emprunter pour effectuer ce trajet ? _____
_____

**b/** Quel est le plus court ? _____

**3** Les coureurs d'une course cycliste doivent effectuer *trois fois* le circuit Angoulême-Cognac-Barbezieux-Angoulême. Quelle distance auront-ils parcourue à la fin de la course ?
_____

**4** Monsieur Legras qui habite Bergerac se rend à Angoulême *par le chemin le plus court* et revient *par le même itinéraire.* Au départ de Bergerac, le compteur kilométrique de sa voiture marque

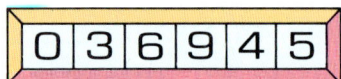

| 0 | 3 | 6 | 9 | 4 | 5 |
|---|---|---|---|---|---|

Complète le compteur ci-contre en y inscrivant le nombre de kilomètres qu'il marquera *au retour* de monsieur Legras à Bergerac.

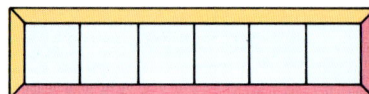

| | | | | | |
|---|---|---|---|---|---|

**1** Observe…

Cette camionnette est-elle autorisée à emprunter le pont ?

_____

**2** Sur le pont bascule…

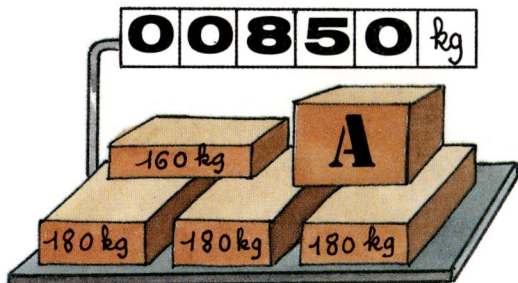

Trouve la mesure de la masse de la caisse **A**.

_____

_____

**3** Observe…

Combien de caisses de 420 kg peut-on encore mettre dans le camion ?

_____

_____

**4** * Observe les trois dessins ci-dessous, puis trouve la mesure de la masse :

**a/** de la malle :

_____

**b/** de la valise :

_____

**c/** du sac de voyage :

_____

**1** On a relevé sur l'almanach des P.T.T. de 1986 les heures de lever et de coucher du Soleil pour deux dates.

**a/** Lis et écris l'heure indiquée par chacune des horloges :

| Le 3 février 1986 | | Le 6 mars 1986 | |
|---|---|---|---|
| Lever (matin) | Coucher (après-midi) | Lever (matin) | Coucher (après-midi) |

**b/** Calcule la durée du jour pour :

— le 3 février 1986 : _____

— le 6 mars 1986 : _____

**c/** Calcule l'augmentation de la durée du jour entre ces deux dates : _____

**2** Le tarif ci-dessous est affiché sur les parcmètres d'une grande ville :

| | |
|---|---|
| 1/4 h : 1 F | 1 h : 4 F |
| 1/2 h : 2 F | 1 h 1/4 : 5 F |
| 3/4 h : 3 F | 1 h 1/2 : 6 F |

Trois automobilistes **A**, **B** et **C** utilisent ces parcmètres. Complète le tableau.

| | Heure du début du stationne-ment | Pièces mises dans le parcmètre | Durée du station-nement autorisé | Heure limite du station-nement autorisé |
|---|---|---|---|---|
| **A** | 9 h 20 | | | |
| **B** | 11 h 15 | | | |
| **C** | 15 h 20 | | | |

**3** Pendant un séjour en classe verte, huit équipes d'enfants participent à une course d'orientation.

Les départs sont donnés de 10 minutes en 10 minutes.

Complète le tableau.

| Équi-pes | Heure de départ | Heure d'arrivée | Temps mis | Classe-ment |
|---|---|---|---|---|
| **A** | 9 h 00 | 9 h 48 | | |
| **B** | 9 h 10 | 10 h 00 | | |
| **C** | 9 h 20 | 9 h 57 | | |
| **D** | | 10 h 15 | | |
| **E** | | 10 h 20 | | |
| **F** | | 11 h 00 | | |
| **G** | | 11 h 02 | | |
| **H** | | 11 h 15 | | |

**TARIF JOURNALIER**

Adulte      10 F

Enfant (moins de 16 ans)    6 F

Un emplacement pour :

     une grande tente    20 F

     une petite tente    12 F

     une automobile    20 F

CAMPING DES PINS

**1** Benoît qui a 14 ans et Éric qui en a 15 font une randonnée en bicyclette.
Ils passent une journée dans ce camping et couchent sous une petite tente qu'ils ont apportée.

Combien paieront-ils en tout ? _____

**2** Quatre adultes passent *une semaine complète* au Camping des Pins. Ils ne disposent pas de voiture, mais ils ont deux petites tentes de deux places chacune.

Trouve :

**a/** le montant total de leur séjour : _____

_____

**b/** la part que chacun devra payer : _____

**3** Monsieur et madame Brunoir arrivent avec leur voiture au Camping des Pins le samedi 25 mai pour y passer *deux semaines complètes* de vacances. Ils possèdent une grande tente.

Combien paieront-ils pour ce séjour ? _____

_____

**4**  * La famille Petitjean se compose du père, de la mère et de deux fils de 13 et 17 ans. Ils viennent passer *trois semaines complètes* de vacances au Camping des Pins avec leur voiture de 9 CV. Les parents coucheront dans une grande tente, et les deux garçons dans une petite tente.

Quelle somme dépenseront-ils :

**a/** par jour ? _____

_____

**b/** pour la totalité de leur séjour au camping ? _____

_____

**1** Observe ces trois dés et trouve le nombre total des points qui sont cachés.
Si tu éprouves des difficultés, prends un dé et trouve la somme des points qui y figurent.

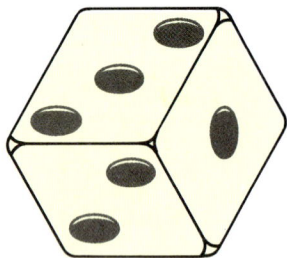 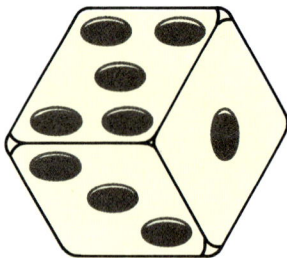 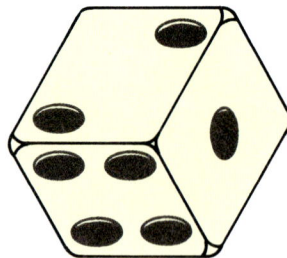

_____          _____

_____          _____

**2** Observe les deux premiers dessins et les masses données.

Trouve la mesure, en kg, de la masse totale du camion **c** et celle du camion **d** (toutes les caisses ont même masse ; tous les camions ont même masse à vide).

**a**   **b**   **c**   **d**

Masse totale          Masse totale          Masse totale          Masse totale
2 245 kg              2 100 kg                  ?                    ?

_____          _____

_____          _____

**3** Complète la grille de « nombres croisés ».

HORIZONTALEMENT

**a.** La moitié de cinquante, puis $(4 \times 10) - 5$.

**b.** Quatre-vingt-dix dizaines.

**c.** Le plus petit nombre obtenu en utilisant 4, 8, 2.

**d.** Huit douzaines.

**e.** $(79 \times 100) + (3 \times 10)$.

|   | 1 | 2 | 3 | 4 | 5 |
|---|---|---|---|---|---|
| a |   |   |   |   |   |
| b |   |   |   |   |   |
| c |   |   |   |   |   |
| d |   |   |   |   |   |
| e |   |   |   |   |   |

VERTICALEMENT

**1.** Le double de cent vingt et un.

**2.** Juste avant cinq cents.

**3.** Le plus grand nombre obtenu en utilisant 6, 9, 3, 8.

**4.** $1 + 4 + 9 + 16$.

**5.** Cinquante centaines.

**1** Trouve la pointe de la pyramide qui convient au socle donné.
(Si tu as des difficultés, décalque les pointes.)

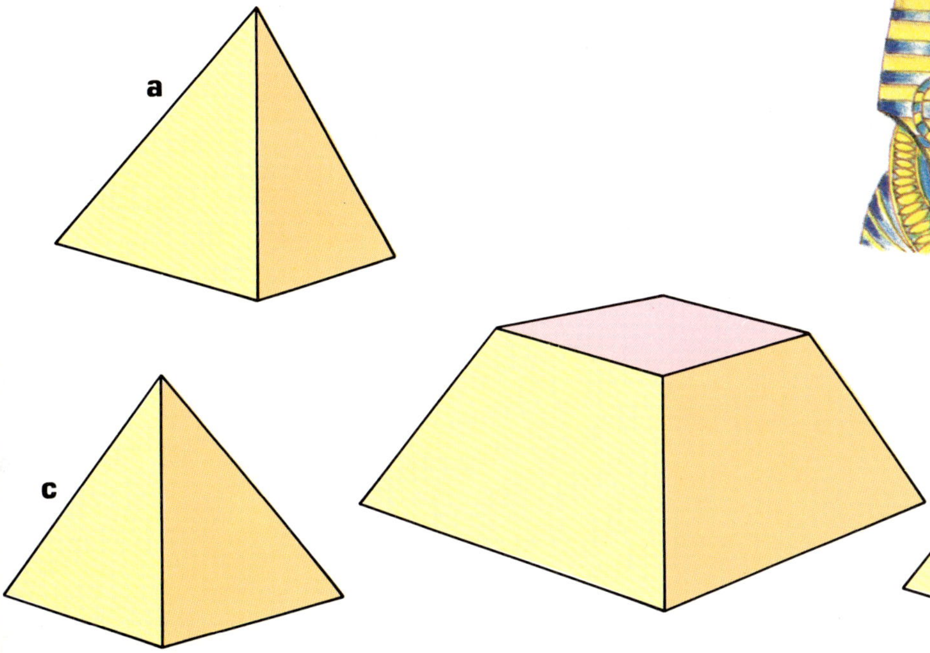

a

c

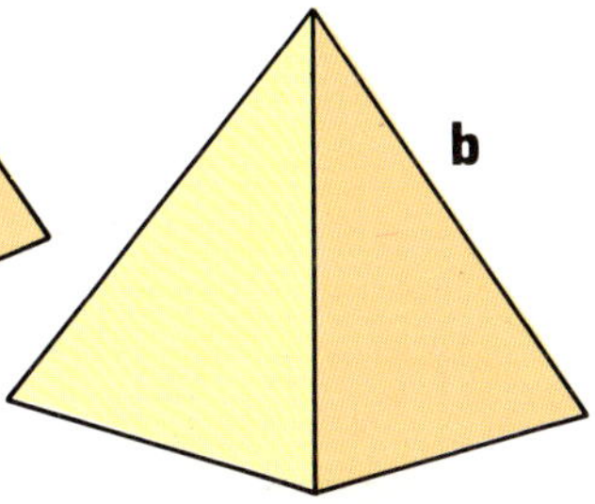

b

**2** Les salles de cette pyramide sont indiquées par un soleil.
Pour trouver la salle du trésor, chemine de case en case en suivant chaque fois la direction indiquée par le petit personnage de la légende.

(Regarde les exemples.)

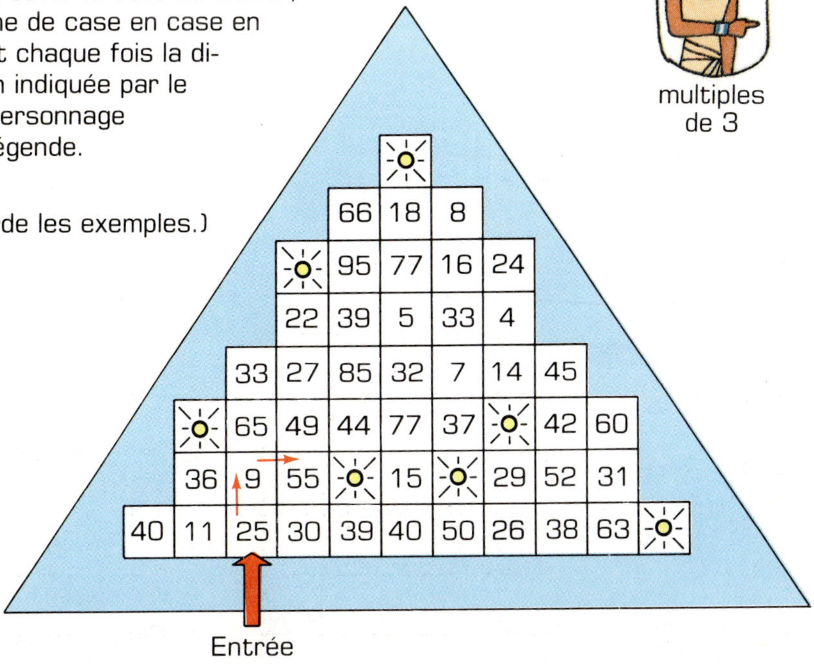

multiples de 3

multiples de 7

multiples de 5

multiples de 4

|  |  |  |  |  |  |  |  |  |  |
|---|---|---|---|---|---|---|---|---|---|
|  |  |  |  | ☀ |  |  |  |  |  |
|  |  |  | 66 | 18 | 8 |  |  |  |  |
|  |  | ☀ | 95 | 77 | 16 | 24 |  |  |  |
|  |  | 22 | 39 | 5 | 33 | 4 |  |  |  |
|  | 33 | 27 | 85 | 32 | 7 | 14 | 45 |  |  |
| ☀ | 65 | 49 | 44 | 77 | 37 | ☀ | 42 | 60 |  |
| 36 | 9 | 55 | ☀ | 15 | ☀ | 29 | 52 | 31 |  |
| 40 | 11 | 25 | 30 | 39 | 40 | 50 | 26 | 38 | 63 | ☀ |

Entrée

Imprimé en France par
BRODARD GRAPHIQUE — Coulommiers
HA/7605/2
Dépôt légal n° 7863-03-1988

Collection n° 87
Édition n° 03

**11/4951/7**